KINZAI バリュー叢書

経営者心理学入門

リッキービジネスソリューション株式会社
代表取締役
澁谷　耕一［著］

社団法人 金融財政事情研究会

■はじめに

ビジネスを成功させるために重要なポイントは何でしょうか。

答えはいろいろ考えられますが、筆者はその一つとして「心理学」が重要だと考えています。

お客様がいま、「何を望んでいるのか」「何をしてもらったらいちばんうれしいのか」「どんな悩みを抱き、どんな答えをほしがっているのか」——とことん相手の心理を考えて、適切な対応をしていかなければ、決してビジネスはうまくいきません。

それは経営者の方々を目の前にしたときも同様です。営業のための訪問、金融機関職員ならば与信管理の場面などで、経営者と直接面談することがあります。こういった際には、経営者ならではの心のあり方を知っていることがきわめて重要になります。

しかし、自分自身が一般企業に勤めるサラリーマン、金融機関職員であったら、経営者の心理を簡単には理解できません。たとえば、サラリーマンは普通に働いていれば、毎月必ず給料が入ります。一方、経営者の場合には、自分たちが提供しているサービスや製品を購入してくれる人がいなければ、休日返上で働いたとしても収入はゼロです。そればかりか、社員を使っていれば、当然ながら給料を支払わなければなりません。つまり、仕事に対する見方・考え方が根本的に異なるのです。

筆者自身、二〇〇二年に自らリッキービジネスソリューション株式会社を立ち上げて社長になった時、はじめて理解したこと、わかったことがたくさんありました。それまで二四年間、銀行員として働いていた時と比べると、あらゆる面において考え方や感じ方、発想が異なっています。

心理学は学術的にも重要視される分野であり、臨床心理学、行動認知心理学、児童心理学、スポーツ心理学など、あらゆる局面で専門的な研究が盛んに行われています。しかし、これまで経営者にスポットを当てて、心理学の切り口で彼らの内面のあり方を明らかにした学問、すなわち「経営者心理学」は存在しませんでした。いま、まさに大きく、ダイナミックに変貌していく日本社会の姿をふまえると、経営者心理学を研究し理論化する努力が、何にも増して必要なのではないかと強く思うのです。

タイトルが示すように、本書では独立・起業経験を含め、筆者自身が長い年月をかけて思考を深めてきた経営者心理について、さまざまな角度から述べています。純粋な理論化を試みるというより、経営者の具体的な心理状態をわかりやすく解説し、なぜ経営者がそのように考え、感じ、行動するのか、心の流れを具体的に記しています。金融機関職員の皆さんが経営者と面談するとき、すぐに役立つような内容になっており、筆者の実体験に即した「お客様に喜ばれる営業ノウハウ集」も収録したので、法人営業の手引書・入門書として活用していただくことができます。

日本には、中小・中堅を含めて三〇〇万～四〇〇〇万の企業があるといわれています。少子高齢化が進展し、かつグローバルな競争を強いられる経済環境のなかにあって、ますます企業の将来は経営者一人ひとりの資質で決まってきます。

本書を読んで経営者心理に通じた金融機関職員なら、困っている経営者、悩みを受け止めてほしい経営者、助言がほしい経営者等々、あらゆる状況下での対応が適切にできるようになるでしょう。その結果、経営者が元気を取り戻し、ひいては日本社会全体が明るさを増していきます。金融機関職員として、日本経済をたくましく成長させる推進力のいったんをつくりだすことができれば、どれだけ素晴らしいことでしょうか。

ぜひとも経営者心理学に通じていただき、皆さんの大切な顧客である経営者を力づける存在になっていただきたいと思います。

最後に、これまでに出版刊行した『経営者の信頼を勝ち得るために』初版および第二版、『事例に学ぶ法人営業の勘所』（共著）に続き、社団法人金融財政事情研究会出版部の伊藤洋悟氏には、企画・構成等全面的にお世話になりました。「ＫＩＮＺＡＩバリュー叢書シリーズ」の一環として本書を出版刊行する機会を与えていただいたことも含め、厚く感謝の意を申し上げたいと思います。

二〇一一年　三月

リッキービジネスソリューション株式会社

代表取締役　**澁谷　耕一**

目次

第2章　社員に対する経営者の期待

第3章 【実録】RBS起業・経営記

第4章　経営者との面談心得

第6章 経営者に学ぶ15の言葉

第7章 澁谷耕一の一言集

コラム

第3章

第4章

第1章

経営者心理学の意義と必要性

1 経営者・心理学とは

(1) 経営者・心理学の目的

「経営者・心理学」は筆者が提唱しているものであり、従来、このような学問分野は存在していません。この経営者心理学は、経営者の企業経営における心理状況の理論化を試みたものであり、経営者という人を理解することを目的としています。したがって、金融機関職員をはじめとして経営者に接する人たちには、経営者の基本形を理解するという意味で意義のあるものだと思います。

従来も、「経営心理学」と呼ばれるものはすでに存在しています。しかし経営心理学では、もっぱら上の視点から「下の社員をいかに働かせるか」ということに主眼が置かれているように思われます。

経営者は、経営にあたってさまざまな経営理念や経営戦略、ブランド戦略等を展開しますが、すべての経営者は経営に責任をもつ人間として同じプレッシャー、同じモチベーション、そして同じ期待を心に抱いているものです。その結果、経営者に共通する心理状況が存在するのです。この経営者に共通する心理状況を理論化・一般化したものが経営者心理学です。

すでに日本では終身雇用が崩壊しつつあり、またインディペンデントコントラクター（独立個人事業主）のように、あたかも各自が経営者であるかのように働く人たちがふえてくると考えられます。その意味でも、今後の日本における経営者心理学のレーゾンデートル（存在意義）はいっそう高まると思われます。

(2) 経営者心理学を効果的に学ぶために――本書の構成

「経営者心理学」を学問的に体系立てて説明しようとすれば、その理論構成を最初に述べる必要があります。しかし本書の場合、金融機関の営業担当者をはじめ、経営者の方々とお会いする機会の多い方々を対象に、経営者の心理を学びとっていただき、日々の実務に生かしていただくことが主たる目的です。したがって、学問的・抽象的な理論中心の書籍ではなく、具体的で実践的な内容・構成にしたい、というのが筆者の願いです。

そこで、経営者心理学の理論構成に相当するものとして、経営者心理学を効果的に学ぶべく、本書の構成について概説していきたいと思います。

まず本章で、経営者心理学の意義・必要性について触れた後、経営者の基本心理を「陰」と「陽」の対比も交えて説明していきます。続く第2章では、「経営者は社員にどのような期待をしているか」という観点で話を進めていきます。

これだけでは実践的な内容になりませんので、具体的な経営者像を思い浮かべていただくために、第3章では筆者の銀行退職と独立起業・企業経営について触れたいと思います。そして第4章で「経営者との面談心得」について述べ、いわば経営者心理学の応用編というかたちで解説します。

第5章「お客様に喜ばれる営業ノウハウ集」は、実際に筆者が銀行、さらには独立起業後に実践して成果をあげた営業ノウハウの集大成です。当初はこの営業ノウハウ集だけで本書を仕上げてもよかったくらいですが、逆に経営者の心理に関する理論的背景や考察が加わらないと、せっかくの営業ノウハウも理解がむずかしくなりますので、前述のとおり第1章等で経営者心理学の理論的説明を心がけたことをぜひともご理解ください。

第6章「経営者に学ぶ15の言葉」は、筆者が強い印象と感銘を受けた経営者の至言・名言を集めてみました。さらに、実際に経営者として数多くの経営者や金融機関トップとお会いする立場や経験をふまえて、筆者がポータルサイトで提供している一言集を五つの切り口でまとめたものが第7章です。

アカデミックに理論中心の解説を心がけた箇所もあれば、実体験に基づく具体的手法や実践論の展開もあり、最後は経営者や筆者の言葉で総括しています。読者の皆さんの関心事項や問題意識に応じて、各章を読み進めていただければ、経営者の心理が体系的かつ効果的に学びとれるに違いありません。加えて、閑話休題的に設けたコラムも必ず皆さんのお役に立つものと確信しています。

(3) 金融機関の営業担当者への示唆

前述したとおり、経営者心理学は経営者を相手に営業を行うビジネスマンにとって重要な示唆を提供するものですが、ここではそのなかでも特に金融機関の営業担当者向けに、経営者心理学が示唆する〝営業にあたっての行動原理〟を示すこととしました。なぜ、金融機関職員の行動原理についてあえて言及するかというと、筆者が経営者となる以前に銀行員であったことに加え、今後の日本経済において金融機関職員こそ経営者にとって最高の相談相手、アドバイザーとなりうると考えるからです。

金融機関職員は常日頃から、経営者が何を考え、どのようなビジョンをもっているか、そしていかなる情報を望んでいるか等、経営者の関心が高い分野・テーマに興味をもつことが重要です。

そのためには、経営者の話をじっくり聞き、その深層心理や潜在意識を理解し読み解く努力をすることが欠かせません。経営者の深層心理や潜在意識の背景を察知し、諸事情を勘案することのできる営業担当者が真に求められています。

経営者は、債権者である金融機関の職員に対してはなかなか本音をいわないものです。しかし、経営者の話について「一を聞いて十を知る」ことができる金融機関職員は、経営者から認められるようになり、さまざまな悩みや情報等を打ち明けてもらえるに違いありません。経営者と接するとき、営業推進や顧客モニタリングをする場合等、常に経営者の心理を考慮しながらコミュニケーションをとることが、経営者からの信頼を得るうえで重要になります。

現在は情報社会であり、経営者は自社の事業経営において有益な情報をいち早く得たいと考えています。金融機関職員は経営者の深層心理や潜在意識を読み解きながら、経営者が抱く真のニーズや課題を発見して提案営業を行うことにより、経営者に信頼される最高の相談相手になれるのです。

2 経営者の基本心理

人間にとって最も大切なことは何でしょうか。人それぞれ答えがあると思いますが、他の動物とは違う人間ならではの特性を考えた場合、いかに「社会貢献」するか、ということに行き着くのではないでしょうか。

特に経営者であれば、なおさら「社会貢献」を目的とした企業経営が必要になります。逆に「社会貢献」という目的を見失い、How to である手段を目的と勘違いしてしまうと、その企業は従業員の不正やモチベーションの低下を招きかねません。

「社会貢献」を目的とするということは、とりもなおさず「相手」のことを考えるということに結びつきます。筆者はクリスチャンではありませんが、「相手」のことを考えるという概念は、キリスト教ではさまざまな表現で伝えられています。たとえば「まず与えん、さらば与えられん」などは、まさにその好例でしょう。「相手」のことを考え、人のため、社会のために何ができるかを考えることが「志」なのです。「よい志」で高い旗を掲げていれば、人に信頼され、好循環が生まれます。

しかし「よい志」をもつにしても、自分自身がどのようにあるべきか、ということが大切なのはいうまでもありません。自分自身が「自尊心」をもち、「自由で独立」していなければ、いくら「相手」のことを考えても感謝されることはなく、信頼関係も生まれません。また、「他に負けないこと」「強み」をもつことも必要です。「強み」をもっていれば、どんなに社会的に地位のある人と話すときでも、対等な関係に立つことができるのです。さらに「強み」をもつことで自尊心も高まっていきます。

つまり重要なのは、「自尊心」を高め、「自由と独立」を保ちながら、「強み」をもち、「よい志」で「社会貢献」を目指すことに尽きるといっても過言ではないのです。

(1) 「自尊心」――〝プライド〟であり〝自信〟である

競争社会では「自尊心」、つまり〝プライド〟をもっていないと非常につらいものです。たとえばニューヨークでは、勝ち組と負け組がはっきり分かれています。勝ち組の人たちはとてつもなく豊かな生活を送り、一方で負け組の人たちは這い上がれないような苦しい状況に置かれているのです。日本ではまだそれほどではありませんが、やがてニューヨークのように勝ち組と負け組がはっきりしてくる可能性は否定しきれません。

勝ち組と負け組がはっきりしている時代には、「自尊心」をもってだれにも負けないものをもつことがきわめて重要になります。前述したニューヨークでは、すべての人が自分の仕事にプライドをもっています。換言すると、プライドがなければ競争社会では生きていけないのです。

〝プライド〟の基本は何かといえば、自分が「これについては絶対に負けない」というものをもつことに始まります。それが一つでもあれば、自分自身が〝ブランド〟になるし、〝プライド〟を保てるようになります。要するに、「自尊心」が大きい人は、他人に批判されても心の平穏を保って揺るがずにいられるのです。これに対して自尊心の小さい人の場合は、同じ大きさの批判を受けても、自尊心に比して批判のインパクトが大きくなってしまうため、どうしても恨みやねたみといったものがあふれ出してしまいます。

そして「自尊心」のある人は、すなわち〝自信〟のある人であり、とても魅力的にみえます。しかも人間は、〝自信〟のある魅力的な人を好きになる傾向があるのです。したがって人と会う際には、余裕をもって堂々とすることが大切です。必要以上に動くことなく〝自信〟があるようにすることで魅力的にみえるのです。

(2) 「自由・独立」――組織や系列の外で客観的に意見ができる

かつて大企業には大企業ならではのメリットが、系列には系列のメリットがあり、そのなかで働くことがよしとされた風潮や時代もたしかにありました。しかし、世の中は刻々と変わってきています。大企業であること、系列の枠組みにとどまっていることが以前のような価値観や強みをもたなくなってきたのは事実であり、むしろ「自由で独立」していることが強みとなる時代になってきたのではないでしょうか。

たとえば、勝ち組と評される銀行がAという特定系列に属しているとしましょう。すると、A系列ではないB系列やC系列の企業は、違う系列ということで評価の高いA系列のその銀行とは取引しにくい、またはメインバンクにできないという状況になります。この事実は、B系列やC系列の企業にとって不幸であるばかりか、A系列の銀行にとってもせっかくのビジネスチャンスを逸することにつながりかねません。つまり、独立せずに系列にいることのデメリットが顕在化しているということなのです。

筆者が代表取締役を務めるリッキービジネスソリューション㈱(以下「RBS」)は、どこの系列にも属していません。だから「かくあるべし！」ということを、自由に自信をもって意見できるのです。いまの世の中は、客観性や正しいことをきちんといえることが大事な時代になっています。不正を働くと、一瞬にして大変なことが起きる時代なのです。だからこそ、組織や系列の外で客観的かつ自由に意見ができるということは大きな強みになります。ＲＢＳを例にとれば、どの地方銀行ともプロジェクトができるということは間違いなく強みといえるでしょう。

(3) 「強み」――人に負けないものをもつ

他に負けないもの、つまり「強み」がないと「自尊心」は大きくなりません。自分の強みをつくって、そこへ相手を引き込み、そのフィールドで勝負することが「戦略的」といえるのではないでしょうか。

経営者に会うことの多い営業担当者（とりわけ金融機関の職員）も、これだけは人に負けないという「強み」をもち、その分野に経営者を引き込み、そのフィールドで勝負できるようになれば、新規開拓や取引深耕に結びつくに違いありません。

コラム　若い女性の「強み」とは

余談になりますが、若い女性の強みは何でしょうか。

それは「若い女性である」ということ。何やら禅問答みたいですが、たとえば若い女性が当然のように知っている化粧品ブランドを、男性はほとんど知りません。

女性自身はなかなか気づきにくいでしょうが、若い女性であることで、より多くのものが男性よりもみえているはずです。したがって、若い女性の感性や情報・知識を生かした商品・サービスや情報は、独自性に富んで付加価値の高い場合が多いといえるでしょう。

たとえば、美味しい食事のできるお店やおもてなしのサービスをしてくれる施設等のガイドブックなど、若い女性の企画・制作だと興味深いものが多くなると思われます。

(4)「志」——相手のことを先に考える

企業を経営するときも、会社で働くときも、自分のことではなく、相手のことを考えることが大切です。相手が儲かって、はじめて自分（自社）も儲かる――つまり「共存共栄」ということにほかなりません。

職員採用の面接で、入社の条件として給料がいくら必要ということを切り出す人がいます。家族もいるし、生活水準も下げられないから、という理由なのでしょう。しかし、これでは逆なのです。「会社からいくらもらう」ではなく、「会社に何ができるか」を先に考えないといけないのです。

故ケネディ大統領の墓石には“Don't ask what your country can do for you, ask what you can do for your country”と刻まれています。これは“country”に限らず、“company”でも同じなのです。結婚するときも、「相手が何をしてくれるか」ではなく、「相手に何ができるか」を考えないと幸せにはなれません。

たとえば、金融機関の営業担当者がしてしまいがちなこととして、自分の都合で融資を遅らせてしまうといった話があります。このとき、借り手である企業はなかなか文句をいえません。その結果、金融機関の営業担当者はますます自分の都合で仕事をするようになってしまいます。本来、切迫した資金需要のある企業のことを考えれば、すぐに融資の稟議をあげるべきなのです。

筆者が尊敬してやまないイトーヨーカ堂の創業者である伊藤雅俊名誉会長は、「人のために何ができるか考えること――それが〝志〟である」といった趣旨のことをおっしゃっています。

相手のことを考え、人のために何ができるかを考えること、つまり「よい志」で高い旗を掲げていれば信頼され、自然と皆が集まってきて好循環が生まれます。経営者はお金に対する執着心を失ったらおかしなことになりますが、私利私欲的なお金に対する執着心をもってはいけません。常に「よい志」で高い旗をあげてほしいと思います。

また、一〇人中六人から「あの人はすごいよね！」といってもらえるようになれば、それこそブランディングができたということになるのです。たとえ一〇人中二人が悪口をいっても、六人はかばってくれるので、そのうち二人は悪口をいわなくなる、という理屈になります。一方、一〇人中三人ぐらいしかほめてくれない場合は、そうもいかなくなります。それがブランディングというものなのです。

コラム　里親の誓約書

あるテレビ番組で、里親に里子を紹介するNPO法人について特集を組んでいました。そのなかで里親を申し出る人は、里子に会う前に誓約書に署名をするらしいのです。誓約書には、「性別は問いません」「障がいの有無は問いません」という文言があり、四人のうち三人はこの「障がい者」の文言をみてためらい、サインができないとのことでした。

取材を受けたNPO法人の代表がその番組で話していた言葉が忘れられません。いわく、「里親が幸せになるために里子を迎えるのではなく、里子の幸せのために里親がいるのだ」と――。まずは相手のことを考え、人のために何ができるかを考えることが大切だということにほかなりません。

(5)「社会貢献」――「何のために」の重要性

物事には「何のために」という〝目的〟と、それをどのように行うかという〝How to〟

が存在します。たとえば、「この商品はお客様のニーズにあっているので、これを提供すれば社会貢献できる」という〝目的〟に対して、それを実際に行う際は「1日10件のアポイント目標」という〝How to〟が必要になります。

この場合、〝目的〟がわかっていれば自尊心も高まりますし、よい結果が得られやすくなります。しかし、1日10件のアポイントという〝How to〟ばかりにとらわれると、人の心はすさんでしまい、〝How to〟を遂行すること自体が目的と化してしまい、前述のようにモチベーション低下や不正につながるのです。

3 経営者に必要な対人心理

(1) 「感謝」——人に感謝されることをする

自尊心の大きい人は、人に何かをしてあげようと思うものです。そして、人は何かをしてあげて感謝されると、うれしい気持ちになります。では、なぜ人は感謝されるとうれしいのでしょうか。

筆者は人類学が好きで、よく人類学に関係する番組をテレビでみます。そうした番組のなかで、次のような話がありました。

「古代、クロマニョン人が絶滅する一方、ホモ・サピエンスは生き延び、現在の人類の祖先となりました。クロマニョン人が絶滅し、ホモ・サピエンスが生き延びた違いは何かといえば、人類学的には声帯の位置にあったといわれています。ホモ・サピエンスのほうが声帯の位置は少し低かったため、クロマニョン人に比べて幅広い音域の声を出すことができ、結果的に厳しい環境下において、さまざまな音域の声でより複雑なコミュニケーションをし合うことができたので生き残ったのです」——。

このように厳しい生存環境のもとでは、ほんの小さな違いが生存できるか否かを決定づけるのでしょう。

人間は生存できるように、よい部分が本能的にＤＮＡに組み込まれているのではないでしょうか。その半面、恨みやねたみといった悪いものもＤＮＡに一部残っています。このように考えると、人によってよい部分と悪い部分の出方が違うのも理解できます。

特に自尊心が大きければ、悪いものはあまり出てきません。だからこそ、自尊心の大きい人ほど、人に感謝されることを喜びに感じるのです。自尊心を高めておく必要性は、人類学的な視点からも重要だということが伺えます。

前述した経営者の対人心理に即して考えると、経営者の場合、強みを発揮してお客様に感謝していただくことで社会貢献をしたという充実感を覚え、お客様に対して「ありがたいな」と思うことがきわめて大切になるわけです。

基本的に、ハイソサエティの人たちは物を贈り合う機会が多いといえます。彼らは自分たちで買えるだけの資金は十分にあるにもかかわらず、美味しいものや貴重なものを贈り合っているのです。それはお互いに「美味しかった！」「ありがとう！」と感謝し合って喜びを感じ、また喜ばれることに感謝するという好循環につながるため、お互いの信頼関係が深まっていくのだと思います。人間は他人との関係性のなかで生きているといえます。

(2) 「人脈」――人の縁に助けられている

筆者は起業してからというもの、非常に多くの方に助けていただきました。創業以前から、また創業してから多くの方との出会いがあり、その出会いに対して誠実に対応するように努力してきました。それが、ＲＢＳの創業以来、今日まで常に黒字を計上し、配当もすることができた理由だと思っています。

今日のような情報社会では、すべてのビジネスの根幹にあるのはネットワークではないでしょうか。以前のような、鉄などの重厚長大型ビジネスが重視された時代には、お金があれば設備をつくって成長することができました。しかし情報社会では、お金ではなく知恵が大切になるのです。

ネットワークの重要性という観点で考えると、人と一度会って挨拶したり話をしたりしても、それだけでは「友達」になった、あるいは「人脈」ができたとはいえません。何度か食事ぐらいしないと「友達」とはいえないでしょう。

とりわけ経営者となれば、相手は忙しい方なのですから、一度会ったくらいではすぐに忘れ去られてしまいます。食事をして二時間ぐらい同じ時間を共有すれば、いろいろなことを知り合えて親しくなれるのです。

また、「人脈」を大切にするためには、だれとだれが親しいかを忘れないことが肝心です。親しくない人同士の食事会を設定することがないよう、だれとだれが親しいか（親しくないか）は絶対に忘れないようにしなければなりません。

一方、人から誘ってもらったときは慎重に対応しないといけません。筆者が企業トップの方々から誘われるときは緊張します。トップの人たちの場合、一度断ったら二度と誘ってもらえなくなります。せめて「今回はダメなのですが、いついつではどうでしょうか」と、次のチャンスをつくっておくことが必要になります。だからこそ一期一会、千載一遇のチャンスといわれるのであり、誘われたときには最優先で行くのです。

コラム　だれと会うか

人と〝知り合う〟ことは幾度もあることですが、〝だれと会うか〟によってその後が決まってくると思います。知り合う方のなかには悪い人もいます。だからこそ、だれとその後付き合っていくかということがとても重要なのです。

人脈は簡単に築けるものではありません。しかし、簡単に築けないからこそ価値があるものなのだといえるでしょう。ビジネス上の関係は何かあれば簡単に切れてしまいますが、人間的な付合いは何があってもそう簡単に切れることはないのです。

(3)「縁」——必要な時に必要な人と会える

先に「人脈」の項で、人の縁に助けられていることを説明しました。筆者は会社をつくってから、人の縁の大切さ、人の縁の不思議さや一期一会ということを強く感じます。そして自分自身がそうですが、経営者は会社の歴史を振り返るとき、「あの時、あの人が入ってくれたから何とかなった」「あの時、あの人が入社してくれたおかげで成功した」などと思い返します。

要するに、しっかりとした経営をしていれば、必要な時に必要な人にめぐり会う、といえるでしょう。だからこそ筆者は、今後ともしっかりとした経営を展開し続けていかなければならないと肝に銘じています。経営者の方々は皆、そのように考えているに違いありません。

(4)「好かれる人」とは

これまで述べてきたこと、たとえば感謝し合って喜びを感じたり、人を紹介されたり、千載一遇のチャンスを物にしたりすることがうまくいく人は、突き詰めれば、だれからも

「好かれる人」ということになるでしょう。

では、「好かれる人」とはどんな人でしょうか。筆者は、人との付合い方を知っている人が好かれるのだと考えています。したがって、人に好かれるような付合い方をしていきたいものです。

ここで、「好かれる人」「好かれるような付合い方」について、もう少し詳しく考えてみましょう。具体的には、次のような条件があげられるのではないでしょうか。

① 金銭ではなく教えを請う人

経営者の周りには金銭を求める人が大勢来ます。そのなかで金銭ではなく教えを請うために近づいてくる人は、経営者の自尊心を高めることになるので好かれやすくなります。

② 自分の考えを広めてくれる人

教えを請うだけでなく、その教えを広めてくれる人を経営者は好きになります。それは、よく学ぶ人はその学んであふれた上澄みを世に広めたい、それによって社会貢献をしたいと思うからです。

③ 偉い人をおそれない人

経営者としても、自分をおそれずに近づいてくる人を好きになります。偉い人をおそれない人自身、本章2であげた経営者の基本心理、すなわち「自尊心」「自由・独立」「強み」「志」「社会貢献」という意識や気概をもっているからではないでしょうか。

相手が偉い人の場合、当然ながら緊張するでしょうし、慎重さやマナーが求められるのは当然ですが、過度に臆したりこわがったりする必要はないのです。

逆に、経営者としても、過度におそれられる存在になるのは考え物でしょう。品格や人間性からにじみ出る〝威厳〟ならまだよいのですが、威光や威力で相手を押さえつけるような〝威圧〟によっておそれられるのであれば、前述した「感謝」「人脈」「縁」といった経営者に必要な対人心理とは正反対の状況になり、「好かれる人」にはならなくなってしまうでしょう。

コラム

世の中が放っておかない人

高い能力をもった人は、志が高ければ世の中が放っておかないものです。

筆者は、世の中にはなんらかのエネルギーが働いていて、世の中をよくする方向にそのエネルギーが向かっていると考えています。ですから、そのエネルギーが能力と志の高い、よい人を前面に押し出そうとするのでしょう。

自分の独創性や発想力を高めるのはもちろんのこと、高い志をもつことが非常に大切になってきます。どんなに高い能力をもっていても、志が高くなければ、世の中に歓迎され、高く評価されることはありえません。

4 経営者の「陽」の心理

(1) 価値観

経営者はその人なりの〝価値観〟をもっています。そして、その価値観が経営者の行動の基礎になっているのです。

経営者は社員に対して会社の歴史を話すことが多いですが、なぜでしょうか。これこそ、経営者が社員に対して自分の価値観を理解してもらうためにするのです。換言すれば、社員に自分の方向性に付いてきてほしいから、ということになるでしょう。自分の方向性とはつまるところ、自分の価値観にほかなりません。

要するに、経営者は自分の価値観を社員に理解してもらい、それに付いてきてほしいと考えるわけです。だから経営者は会社の歴史を話し、自らの価値観を伝えようとするのです。

経営者が社員に会社の歴史を話す時、そこには経営者の価値観が含まれています。ですから社員の方は、経営者の話やリアクションのなかから、その価値観を理解することが必要です。

(2) 経営モチベーション

なぜ経営者は経営をするのでしょうか。

経営者はだまされることも多いですし、最悪の場合には自殺に至る人も少なくありません。それでも経営をしようとするのは、苦しみも多いが喜びも多いからです。リスクテイクするだけの喜びがあるのです。

だからこそ、艱難辛苦にあふれていても、経営へのモチベーションを保持できるのではないでしょうか。

(3) 経営者にとっての会社とは

創業経営者にとって、会社は〝自分の家〟といえるでしょう。ですから、会社の経費で購入し社員が使っている文房具類も、創業経営者にとっては自分の家の物なのです。たとえ社員は社内に落ちているゴミを拾わなくても、創業経営者は進んで拾うのです。したがって社員が会社で働くときは、経営者の家に招かれた気持ちで働くことが大切なのです。

コラム　経営者とサラリーマンの違い

パソナグループの創業者である南部靖之代表は次のように語っています。

「サラリーマンは給料をもらう人。経営者は給料を支払う人」

経営者とサラリーマンの違いが端的に表れた言葉です。南部氏をはじめ創業経営者の方々は、会社を単なる働く場としか考えているわけではありません。前述のとおり、会社は自分の家だと思っているはずです。経営者とお会いする際には、サラリーマンとの違い、とりわけ会社に対する意識の違いについて念頭に置いておくとよいでしょう。

(4) 謙虚さを失わない

立派な経営者には非常に謙虚な人が多いと思います。

苦労の末、がん保険を日本で初めて立ち上げたアフラック創業者の大竹美喜最高顧問は、筆者が敬愛してやまない方ですが、非常に謙虚で、筆者に対していつも「澁谷社長様、ありがとうございます」といってくださいます。訪問が終わった後にはエレベーターホールまで送ってくださり、「ようこそお越しいただきました。本日はありがとうございました」とお辞儀を深々とされるのです。

ですから大竹最高顧問にお会いする度に、筆者は「自分は高慢になっていないか」「面会に来られた方に失礼なことはしていないか」「たとえ短時間しかお会いできなくても、お客様にはいい気持ちで帰っていただきたい」——そうした謙虚さがいかに大切であるか、身をもって教えられます。

同じく筆者が尊敬するイトーヨーカ堂の創業者・伊藤雅俊名誉会長も非常に謙虚な方です。たとえば、次のようなエピソードがあります。筆者が出張先で購入したお土産をもっていった時のこと。伊藤名誉会長は地方の名産物を自分で味わい、グループの店頭に商品として売り出せるかどうか判断しますが、その時もセブン-イレブンやイトーヨーカ堂のバイヤーと一緒に試食をしました。バイヤーは「これは商品としてはむずかしいですね」と評価し、「とりあえず社に戻って検討してみます」と席を立とうとしたのです。

すると、伊藤名誉会長の表情が一変しました。「澁谷さんがわざわざお土産を買ってきてくださったのに、ちゃんと御礼しないと、今後、澁谷さんはお土産をもってきてくれなくなりますよ!」と注意されたのです。たしかに「これはダメだ。つまらない!」と一蹴されたら、二度とお土産を買って届けようとは思わなくなります。裏返せば、伊藤名誉会長のような謙虚さは新たなビジネスチャンスにもつながる可能性があるのです。

経営者はいつも〝謙虚さ〟を忘れてはならないのだとつくづく思います。

(5) 記憶力――〝貸し借り〟を忘れない

それから、「優秀な経営者は記憶力のよい方が多い」というのも筆者の偽らざる実感です。記憶力のよい人は人に対する〝貸し借り〟を忘れません。だからこそ、記憶力のよい人は経営者として成功するのでしょう。先ほどご紹介したアフラック創業者の大竹最高顧問がそうですし、旧・日本興業銀行でのアメリカ勤務時にお会いしたビル・クリントン元大統領（当時はアーカンソー州知事）も、一度握手した人のことは絶対に忘れないそうです。

実をいうと、クリントン氏が大統領になって来日された際、アメリカ大使館主催のパーティーに招かれましたが、一介のサラリーマンにすぎず、しかも当時は三年間ほど会う機会のなかった私のことをまったく忘れずにいたので大変驚きました。

筆者も記憶力がよいほうだといわれますが、特別なことをしているわけではありません。ただ、人に関心をもつことと、お会いした〝その時のこと〟を映像で覚えて何回も思い出すから記憶に残るのです。

コラム

経営者は反応を試す

繰り返しになりますが、経営者は〝貸し借り〟を大切にします。そして、〝貸し借り〟のことは決して忘れることがありません。ですから、経営者から物をいただいたときは、それに対してきっちりとお返しをしたり、お礼の手紙を送ったりしなければいけないのです。同様に、経営者から資料・情報等が送られたときも、それに対してきちんとした対応をしなればなりません。

経営者は物を贈ったり、資料・情報類を提供してあげたりすることで、その人がどのような対応をするか、反応をみているものです。そして、その人が付き合ってよい人かどうかをみているのだということに注意しなければなりません。

(6) 経歴・経験を生かす

成功している経営者は自分の経歴を生かしています。自分がしてきた仕事を生かしているのはもちろん、偶然にだれかと出会った経験を生かすなど、なんらかの経験を生かしているのは間違いないでしょう。

つまり、そうしたきっかけをつかむことが成功の要因なのです。その意味では、リニア（直線的）なキャリアを単に積むのではなく、案外横道にそれたほうがよい場合もあります。何がその人（経営者）にとってプラスになるかわからないからです。

筆者の体験をふまえて予測するならば、今後は子育てなどいろいろな経験をして成長した人が成功する時代になると思います。多様性が意味をもつ時代なのです。

5 経営者の「陰」の心理

(1) コンプレックス――社内外のギャップ

経営者は自尊心とともにコンプレックスをもっています。これは、社内ではトップであるものの、一歩会社の外へ出ると社名を知られていないという状況にある場合が多いことから、社内外のギャップ（の大きさ）がコンプレックスになるのです。

創業者の場合、社内では神様のような絶対的な存在なのに、社外では知られていないことが多くあります。また、地域内では名前を知らない人がいないくらい有名でも、全国的・大規模な団体や会合では相手にされないといった話も珍しくありません。

(2) 不安感――〝補う〟のではなく〝克服〟せよ

経営者が陥りやすい罠があります。経営者は不安なことに対して、それを〝補う〟ような行動をしてしまうことです。一人で起業するのが不安だから友人を集めて起業したり、小さい会社と思われるのが不安なので立派な事務所を構えたりするといった具合です。

しかし、こうした不安を〝補う〟行動は結果的に失敗につながりやすくなります。不安だからといって友人を集めて起業しても、戦略や考えの相違が目立ってすぐに物別れに終わる場合が少なくありません。また、分不相応の立派な事務所を構えれば、すぐに資金繰りが危うくなってしまいます。

むしろ不安は〝補う〟のではなく、〝克服〟しなければ成功しないといっても過言ではないでしょう。一人で起業するのが不安であればこそ、その不安を〝克服〟するよう努力しなければならないのです。小さい会社だと思われたくなければ、そう思われないように頑張って〝克服〟すればよいわけです。

コラム

逆をやる――「逆境こそ飛躍のチャンス」

不安感に対しては、〝補う〟のではなく〝克服〟する――まるで常識とは逆のように思われるかもしれませんが、「逆をやる」ことは非常に大切だと思います。

たとえば、商品やサービスを必死になって「売り込もう」としたら売れない！」のです。自己・自社の都合で一方的に売り込んだところで成果は期待できません。同様に、「人脈を広げたければ、まず自分から人を紹介する」努力が必要ですし、「情報を収集したければ、自分から情報を発信する」心がけが求められます。

ここで、読者の皆さんに質問をします。企業を興すには好況期がよいでしょうか。それとも不況期がよいでしょうか。

常識的には、実体経済が好調で物が売れやすい好況期のほうがよいと考えるでしょうが、現実は逆で、不況期に企業を興して成功する例が多いのです。というのも、好況期には原材料の価格が高くなりやすく、従業員を募集しようにも人が集まりにくいので人件費が高騰するほか、オフィスの家賃もかさみがちとなるからです。逆に、不況期のほうが原材料費や人件費・家賃が安くなるので、起業には絶好のチャンスといえるでしょう。歴史的に振り返っても、アメリカでは一九二九年の世界恐慌時にたくさんの人が起業しています。

経営者をみると、世間一般の常識とは逆のことをやって成功した例が多いといえます。まさしく「逆境こそ飛躍のチャンス」なのです（同名の著書を、筆者は二〇一〇年七月にＰＨＰ研究所より出版しました。詳しくは、同書もご参照ください）。

(3) 人間不信——経営者は裏切られた経験が多い

いきなりの話で恐縮ですが、筆者は経営者になったことで人間不信に陥りました。人の縁に感謝する一方で、人に裏切られることも多くなったためです。経営者は皆、多かれ少なかれ人に裏切られた経験をもっています。そのため、経営者の多くは人間不信なのです。

筆者がＲＢＳを創業したての頃、大学時代のクラブ同期から人を紹介してもらいました。入社前に何度もお会いし、お互いに話をして握手したのです。ところが、入社予定の日にその人がＲＢＳに来ることはなく、連絡もとれなくなりました。その後、他社に入社が決まったとの連絡を受けたのです。驚きのあまり、筆者はその人を紹介した同期に連絡を入れると、「彼は〝ＲＢＳのおかげで自信をもって他社の面接に臨むことができた〟と語っていた」というのです。いわばＲＢＳを踏み台にしたわけで、筆者は本当に裏切られた気がしました。

その後も内定を出してから入社を断られたこともありましたし、入社してから嘘をついて辞めていった人もいました。後者の場合、そういう人は必ず家族のことを理由にするものです。「娘の体調が悪いから」といって休みがしばらく続いたと思ったら、しばらくして他社から内定が出たのでそちらに行くなどという始末。家族のことを理由にするのは、経営者といえども人間として無理をいえないことがわかっているからでしょう。

こうした嘘をつかれることで、経営者は傷つき、どんどん疑い深くなっていくのです。経営者はよい体験や思いもするけれど、人に裏切られるようなつらい経験や思いもたくさんしていることを認識し、そうした目で経営者をみてほしいと思います。

(4) 人のお金――経営者は大切に使う

人は借りたお金と自分のお金のどちらを使うでしょうか。

人間は往々にして自分のものは大切だと思うものですから、おのずと借りたお金のほうを先に使ってしまいがちとなります。

しかし会社の経営となると、そうは行かなくなります。自分のお金を先に使い、借りたお金は大切に使うべきなのです。借りたお金を無駄にしたら会社の経営自体が成り立ちませんし、信用に傷がつくことにもなるからです。

こうした点にも、一般の方々と経営者の違いが読み取れるのではないでしょうか。

(5) 自殺――話すことで防止できる

五〇代の経営者で自殺する人は非常に多いのですが、それは「経営者は弱みをみせられない」「弱音を吐ける相手がいない」ということがおもな理由といえます。要するに、それだけ経営者は孤独だということなのです。

昼間は仕事をしているからよいのですが、夜になると話し相手もいなくなり、自分一人で考え込んで悪い妄想がどこまでも広がって破滅的な考えに至り、翌朝、自殺するケースが多いようです。

では、経営者が自殺に至らないようにするにはどうすればよいのでしょうか。

それは「話を聞いてあげる」ことです。信頼できる仲間や部下、場合によっては信頼している金融機関職員でもよいのです。彼らが話し相手になってあげることで、経営者は頭のなかで考えた悪い妄想を口に出すことによって理性的になっていきます。人は考えるスピードよりも話すスピードのほうが遅いため、頭のなかで広がる妄想を口に出して話すことでより理性的になれるのです。

経営者は命がけで会社の経営をしているので、それだけ悪い妄想に陥りやすいといえます。もし金融機関職員のような立場で経営者の話し相手となるのであれば、そうした点を忘れないでください。

コラム

経営者の責任感——社員の結婚・出産から

前項で、「経営者は命がけで会社の経営をしているので、それだけ悪い妄想に陥りやすい」

と述べたところですが、会社には自分だけでなく社員がおり、その家族の生活もかかっているので、経営者の責任やプレッシャーは想像以上に大きいものがあります。

一例をあげましょう。筆者は社員が結婚すると聞いた時、あるいは子どもが生まれると聞いた時、お祝いの言葉を述べると同時に、経営者として非常に責任感を感じ、一方で不安にもなるのです。「経営者として責任を負わなければならない人がまた一人ふえた」という責任感であり、それゆえの不安なのです。

第2章

社員に対する経営者の期待

第1章では、筆者が提唱している経営者心理学の概念や意義を概説した後、主として経営者の心理について説明を加えてきました。とりわけ「経営者心理学」がまだ学問的に体系化されていない状況にかんがみ、理論的な解説を心がけると同時に、筆者の経営者としての体験やこれまでにお会いした経営者の方々の話なども交え、具体的な記述を施したつもりです。

これを受けて第2章では、「経営者は社員にどのような期待をしているか」という観点から話を進めていきたいと思います。経営者を取り巻く人たち、いわばステークホルダーとして、まずは最も身近な存在である社員のことを念頭に置きながら、経営者の真髄に触れていくことにしましょう。

1 経営者が期待する仕事の進め方

(1) 全力を尽くす

本書では、銀行・信用金庫などの預金取扱金融機関を中心に、保険・証券・ノンバンク等の金融サービス業、さらには一般企業の法人担当者をも念頭に置いて、経営者心理学や法人営業のノウハウを取り上げています。そのため、本書の読者は営業に従事している方がほとんどだと思いますが、「営業という仕事をしているということは人生にとって必ずプラスになる」という点を強調したいと思います。

それはなぜでしょうか。営業という仕事を通じて、人脈、ネットワーク、コミュニケーション力、分析力、文章力など、多くの能力が身に付くからです。ただし、漫然と営業の仕事をしていては、こうした能力等は習得できません。全力で頑張った場合にのみ、多面的な能力が身に付くことに注意する必要があります。

全力で頑張るためには、具体的な数字で目標を立てることが不可欠になってきます。具体的な目標を設定し、それに向かって自分なりに腐心し、一生懸命努力することで実力がついていくことを認識してください。

コラム　〝実力〟の意味

辞書をひも解くと、〝実力〟とは「本当の力量」「実際の備えている能力」……と出てきます。では、「本当の力量」「実際に備えている能力」とは何かという話になりますが、筆者は「常に実績をあげていくこと」であると考えています。

実績については、よい時と悪い時の差が激しかったり、好不調の波を繰り返したりする人をみかけたり、自分自身もそうした状態に陥ることがありますが、実際には実力が伴っていないにもかかわらず「ただ環境（運）がよかっただけ」といった偶然があると、その傾向が強くなるといえるでしょう。

今日の不安定な環境下でも安定的に成長を続ける企業が存在していますし、イチロー選手は常に打率三割と年間二〇〇安打を維持し、コンスタントにヒットを重ねています。こうしたケースこそ、常に実績をあげているという意味で〝実力〟と呼べるのです。

(2) 会社のことを個人のことの一〇倍考える

筆者も経営者の一人ですから、社員に対してぜひ申し上げたいことがあります。それは「会社のことを個人のことの一〇倍考えてください！」ということです。

これは、「個人の生活を捨てて会社のことだけを考えてください！」という意味ではありません。人は放っておいても個人のことを考えます。ですから、会社のことを個人のことの一〇倍考えてちょうどよいのです。とりわけベンチャー企業の場合には、ベンチャー精神を失わないためにも重要なことでしょう。

ただし、家では個人のことを考えるようにしてメリハリをつけてください。

コラム　筆者流「家庭と仕事の両立」

筆者は妻が亡くなってから、まだ小さい子どもを三人も抱えて創業しました。創業以来、夜は残業や会食、土日も休みなくという状態で仕事をしています。しかし子どもたちは、ゴールデンウィークにどこにも連れて行かなくても、文句の一つもいいません。

それは、筆者が毎朝早く起きて子どもの朝ご飯とお弁当をつくり、洗濯をしている姿を日常的にみているからです。たとえ仕事が忙しくても、家庭のために日々頑張っている姿を間近でみているからこそ、子どもたちは何もいわないのです。

このように考えると、「家庭だけ」「仕事だけ」という一辺倒の姿勢では、やがて家庭も仕事も行き詰まる可能性すら出てくるといえるでしょう。筆者自らの姿に照らし合わせば、「家庭と仕事の両立」は十分に可能と考えますし、そうでなければいけません。

(3) たくさんの仕事を同時に進める

それから、「できるだけたくさんの仕事を同時に進める」ことも大切です。新規顧客の開拓にしても、一〇社だけ訪問し経営者にお会いしたのでは成果がゼロということもありえます。しかし一〇〇社にふやせば、一〇件や二〇件の成果になるものです。これは大数の法則により、数をふやせば一定の成果に結びつきやすくなるからにほかなりません。

このように述べると「下手な鉄砲も数打てば当たる」という意味にとられそうですが、筆者がいいたいのはそういうことではありません。

「能力」の概念もいろいろ考えられますが、筆者は「たくさんのことをやる力」だと認識しています。したがって、たくさんの仕事を同時に進めるよう努力することが大切です。たくさんの仕事を同時に進めるには、いろいろと工夫を凝らし努力をしなければなりませんが、それが社員としての成長に大きく結びついてきます。

たとえば、たくさんの仕事をするようになると、当然、仕事がパンクするようになります。このとき、その人にスタッフをつけると、仕事がパンクしないようスタッフに一部の仕事を任せることになりますが、これが得がたい貴重な体験になるのです。スタッフをつけてもらった人は、スタッフへの仕事の割り振りや指導、仕事の進め方など、自分一人で仕事をしていたときよりも一段上の立場で考え、一段上の仕事ができるようになります。これによって、その人の上司も一段上の立場で考え、一段上の仕事ができるようになります。つまり、ピラミッドが一段高くなるのです。

こうして経営者は、社員がたくさんの仕事をしてパンクしそうになったとき、そこにスタッフを入れることで一段上の仕事ができるようにするわけです。たくさんの仕事をするということは、社員の能力を高めると同時にその上司、ひいては経営者・会社全体のレベルアップにもつながる要素といえます。

コラム 「楽《らく》化」

たくさんの仕事を抱えてパンクしそうになったとき、そこにスタッフをつけると一段上の事を考え、一段上の仕事ができるようになると述べました。しかし皆が「仕事がいっぱいだからスタッフがほしい」と言い出し、結果的に人数ばかりがふえてしまっては、仕事もペイしなくなってしまいます。公務員の組織などが典型的ですが、採算を度外視した人員増は許されません。組織が肥大化して非効率になるだけですし、社員の能力向上にもつながりません。

実は、スタッフがほしいと言い出す人の多くは、本当に仕事がパンクしそうになっているのではなく、「楽《らく》化」しようとしているだけなのです。「楽化」とは、単に社員を楽にするためだけのことをいいます。言い換えれば、本当にその人が付加価値の高い仕事ができるようになったときに、はじめてスタッフをつけなければいけないのです。

(4) 頼まれた仕事は忘れない

頼まれた仕事は絶対に忘れてはなりません。特に経営者に頼まれた仕事は、付箋をつけるなどして注意を喚起し、必ずやり遂げて、経営者に報告するのです。忘れてしまってそのままにしてしまうと、せっかくのビジネスチャンスがそのまま忘れ去られてしまうことにもなりかねません。

(5) 絶対に嘘はいわない

経営者に対しては、絶対に嘘をいってはいけません。

嘘をいった側は、嘘がその場限りであることから、すぐに忘れてしまいます。しかし嘘をつかれた経営者は、そのことをいつまでも覚えているものです。

2 どんな意識や工夫が必要か

(1) 経営者は「いま」のほうが時間はある

担当者は、自分の社長と取引先の面談を設定する際、えてして二週間など先の日時を予定に入れようとします。担当者としては、自分の社長も取引先の社長も忙しいから、それぐらい先の時間を予約しないと失礼だと思ってしまうためです。

しかし現実はどうかといえば、経営者というのは、先の時間帯よりもいまのほうが時間をとりやすいともいえるのです。将来のアポイントは不確実性が高いため、そこに予定を入れることに躊躇してしまうのです。もしかしたら、その頃には何か重要な会議や面談などが入ってしまう可能性があり、そのとき今回のアポイントを変更しなければいけない、などということになりかねません。

一方、今日や明日であれば、逆に不確実性は低くなっていますから、先約がない限りはそこに重要な予定など入りません。したがって、経営者とアポイントをとる場合には、可能な限り早い日にちを押さえていくほうがよいといえるでしょう。

コラム 今日会ったら明日のアポイントを！

本日経営者に会って、またすぐにアポイントを入れる必要性に迫られた場合はどうすればよいでしょうか。今日帰ってきてすぐに電話し、明日のアポイントを入れるべきです。経営者の場合、将来の予定よりもいまの予定のほうが確実性は高いので、明日の空いている時間ならすぐに会ってくれるでしょう。

一方、先方の経営者の立場に立った場合、今日会ってすぐに電話がきて「またお会いしたい」といわれれば、「それだけ真剣なんだ！」と思い、すぐに会おうという気になってくれるものです。だれでも恋愛をしているときに、「ではまた会おう！」といわれて何日もほったらかしにすることはないでしょう。本当に相手のことを気に入っていれば、帰ってすぐに電話したり、メールしたりするはずです。

相手にとっても、すぐに連絡が来てうれしくないはずがありません。経営者とのアポイントは恋愛のアポイントと同じなのかもしれません。

(2) 生産性をあげる――経営者に会う場合を除いて

前節(2)のコラムで「家庭と仕事の両立」の話をしましたが、そのためにも仕事には集中して生産性をあげる努力をしてください。取引先を訪問する際も、効率のよい訪問の仕方を考えてからアポイントをとることが大事です。

ただし、効率性よりも重要なこともあります。特に、アポイントの相手が経営者の場合は忙しいので、前述のように先約がなければ当日あるいは翌日の空いている時間に会ってくれるにしても、そう簡単にはアポイントがとれないものです。効率性を重視するあまり、アポイントがとれないようなことがあってはなりません。経営者とお会いするときだけは、生産性よりも経営者の都合やスケジュールを優先するように心がけましょう。

コラム　経営者とのアポのとり方

筆者は二〇一〇年二月、『事例に学ぶ法人営業の勘所―ソリューション営業の極意―』（共著。金融財政事情研究会）という本を出版しました。同書の第４章で「ＮＧワード・ＮＧアクション集」をまとめましたが、そのなかに「3　アポイントにおけるサービス業としての心構え」という項目があります（同書二九頁）。

具体的には、金融機関の担当者は、①アポなしで突然訪ねてくる場合がある、②アポとりの連絡が入ってもすぐには用件を切り出さない、③いったんアポが確定した後にアポの変更や取消しを迫られることが多い、といった事例を取り上げています。

筆者も経営者ですから前記①〜③のような体験をしていますが、経営者からすれば、これらは迷惑きわまりない話です。それでも経営者が金融機関の担当者と会うのは、金融機関が資金の貸し手という優越的地位にあるから、ということにほかなりません。しかし今日の企業は効率化とリストラを進める観点から、資金需要の圧縮・抑制を徹底しています。現在はむしろ、金融機関から「お金を借りてください」といわれるほどであり、金融機関と企業の関係が逆転しているといっても過言ではないでしょう。

金融機関側がサービス業としての認識や心構えを真摯にもたなければ、企業（経営者）はいとも簡単に取引金融機関を変更してしまいます。ですから金融機関職員は、経営者とのアポのとり方一つをとっても細心の注意を払うべきなのです。

(3) コスト意識――経営者になったつもりで

創業当時、筆者は何事にもケチケチとやってきました。ところが、会社が軌道に乗って安定し成長してくると、創業した頃の精神を忘れがちになります。

よくよく考えると、社内で作成した資料や商品にも作成コストがかかっているのです。会社が大きくなるとこの事実をつい忘れてしまい、お客様になる可能性もない人にむやみやたらに資料や商品を渡したり、一社のお取引先で三人が来社されたからといって資料や商品を三部もしくは三個ずつ渡したりしていました。後者の場合、一社に一部もしくは一個渡せば十分なはずです。また場合によっては、資料や商品をおみせするだけで十分なこともあります。創業当初に比べて、相当無駄が多くなっているに違いありません。

経営者は創業後、会社が安定し成長し始めても、コスト意識は高くもっているものです。社員の皆さんも、創業時のコスト意識をしっかりもち、経営者になったつもりで仕事をしてください。

⑷　自分の給料に責任をもつ

アメリカでは、「自分の給料の三倍は稼がないといけない」といわれます。それは管理コストなどがあるためですが、これは日本でも同じはずです。

これからの時代は、大企業や国に頼って生きていくことはできなくなっていきます。だれも守ってくれない時代になるということです。自立して生きていかなければなりません。

そのためにも、自分の給料に見合った仕事をすることが必要です。従来は中間管理職といわれる人のなかに、特に収益に貢献していない、実務ができないといった人々が大企業や役所には存在していました。しかし競争が厳しく、変化が激しくなってきた今日、このような人々を抱えることができる組織はなくなってきているのです。

⑸　チーム力の強み

人は、よいことは積極的に報告しようと思うものですが、反対に報告しようとは思わないケースも出てきます。報告しないのは成果が出ていないか、横着なだけなのです。

成果が出ていない場合には、いろいろな要因が考えられるので、単純に叱責や批判をすることはできません。しかし、横着であっては絶対にいけません。横着をして自分の殻だけで仕事をしていたのでは、人と協力して大きな仕事ができなくなるからです。それに一人で自分の殻に閉じこもって仕事をしていると痛みも薄らいできて、その結果、「遅くなってまずいな……」という気持ちも薄らいでいってしまうのです。

このような事態を避けるためにも、自分が得意でないことは得意なメンバーに聞くなどして、チームで仕事をしていることの相乗効果を発揮していく必要があります。

3 自己啓発や能力開発のポイント

(1) 自分を高いところへもっていく

本章1(3)で述べたように、社員の皆さんが自分の力をつけ、より高いところで仕事をするようになることで、経営者の仕事もより高いところへもっていけるようになります。組織はピラミッド型ですが、ピラミッドの高さはそのまま経営者の仕事の高さに帰着します。

しかしながら組織のピラミッドを無視して、経営者だけ高い位置に行くことはできません。ピラミッドを構成しているメンバー全体がより高い位置へ来ることで、下のメンバーも一段高い位置へ行くことができ、ひいては経営者も高い位置へ行くことができ、結果的に会社としてより高い、よりよい仕事をすることができるようになるのです。

(2) 質問される場に身を置く

講演会やセミナーで話をするなど、質問される場に自らを置くことで、問題意識をもって勉強することができるようになります。

人間には潜在意識というものがあります。実際に物事が自分の身に起きないとみえてこないものがあるのです。たとえば、子どもが生まれて、はじめて子ども用品が街角で目に入るようになったりするのと同じことです。筆者も経営者になったことでみえてきたものがあります。それは、人は知らないうちに情報を取捨選択してしまっているということです。

ですから潜在意識を呼び覚まして、いろいろなものがみえるようにしていくことが必要です。そのためにも、質問される場に自らを置くなどして勉強する機会をつくるとよいでしょう。また、自分の将来の目標をビジュアルなイメージでもつことで、より現実的・具体的なものとなり、潜在意識を覚醒することができるようになります。それによって、将来の目標が現実化していくのです。一般に、「自分の目標となる人をみつけなさい！」とよくいわれますが、まさにそれと同じことなのでしょう。

(3) 人間の成長

筆者は二八歳の時からニューヨークで部長として、いわば経営者のように仕事をしてきましたが、その過程で「だれが伸びて、だれが伸びないか」が確信できるようになってきました。端的にいえば、伸びる人は「素直な人」、伸びない人は「頑固な人」なのです。ですから、いわれたことはまず素直に受け止めることが成長のためには大事になります。また人からいわれた後に、それを実際に行うかどうかはその人次第ということになります。

人間の成長は、ほんのちょっとしたことで変わってきます。「今日できることを明日に延ばさずに今日やり遂げる」「まず相手のことを考える」といったことが重要になるのです。なお、相手のことを考えるためには、相手をよく観察することが必要です。それで、相手は何をしてほしいと思っているかを知るのです。

さらに、子育ても人間を大きく成長させてくれます。多くの女性が出産によってキャリアが遅れると思っていますが、実は逆にキャリアを高くするものだといえるでしょう。子育てを始めると、それまで気にも留めていなかった有害なものがみえてきます。まさしく前項で説明した〝潜在意識の覚醒〟そのものです。自分が食べる分には気にならなかったものが、子どもが食べる場合には気になり出すのです。

今日の社会では、有害なものに対して社会がはっきりと〝NO！〟を示す時代です。一流企業あるいは老舗企業といえども、たった一度の不正発覚で企業存続の危機に見舞われるのも、そうした時代環境のなせる業といえるでしょう。

今後の社会では、子育てをした人はリニアなキャリアではなくなるかもしれませんが、その分、価値観が高度化・多様化して人間的には成長しており、より魅力的になっているはずです。第1章4⑹で、「今後は子育てなどいろいろな経験をして成長した人が成功する時代になる」と予想したのも、このような事情があるからにほかなりません。

(4) 一流を経験する

一流の物や一流の食べ物、一流の人と接することが大切です。常に一流のものと接することで自分を高められるのです。

自分を高められるよう個々の社員が努力していけば、本節(1)で述べたように上司、ひいては経営者も高い位置へ行くことができ、会社も高い次元へ成長していきます。一流を経験することは自分のみならず、組織全体にとっても有益だと心得るべきでしょう。

コラム　若手職員よ、一流の経営者に会おう！

経営者はいま現在に固執しているわけではなく、将来のことを先取りしようと必死に考えています。ですから、経営者は時代の変化の波を迅速かつ的確に読み取ろうと、あらゆるところにアンテナを張りめぐらしています。なかでも若い人たちの感性や情報に触れることは、時代の変化を敏感に読み取る貴重なチャンスとなるので、一流の経営者ほど金融機関や自社の若手職員の声を心待ちにしているのではないでしょうか。

若手職員からすれば「自分のような若造が……」と気後れしてしまうかもしれませんが、「一流の経営者ほど若手の声を待ち望んでいる」とポジティブにとらえて、経営者の懐に飛び込んでもらいたいものです。もちろん、一流の経営者に認められるよう努力は欠かせませんし、マナーを守るべきことはいうまでもありません。

「一流の経営者に会うことで自分も磨かれる」――そんな心構えで臨むとよいでしょう。

⑸　一を聞いて十を知る

孔子の弟子で顔回という青年がいました。彼は若くして亡くなってしまい、孔子は非常に嘆き悲しみました。「なぜ顔回の死をそれほど悲しむのか」と他の弟子に聞かれた孔子はこういいました。「彼は一を聞いて十を知る人だからです」と――。

経営者は、自分のいったことを自分の仕事に当てはめて考えられることを期待しているのです。ですから、一を聞いて十を知る人を好むのでしょう。キリストも「汝の敵を愛せよ！」としかいいません。この言葉をどのように自分に生かすかは、一を聞いて十を知る能力やセンスが求められるのです。

⑹ 「学ぶこと」は「変化すること」

筆者は、「学ぶこと」は「変化すること」だと考えています。

ですから、働くなかで学び、変化していってほしいと願っています。学びながら、働き方や目標などを変化させていくことが大切です。

また、話を聞いたり本を読んで、自分の知らない世界に足を踏み入れたり、違った視点や価値観に触れて自分が変化していくのです。

第3章

【実録】RBS起業・経営記

第1章と第2章を通じて、読者の皆さんはどのような経営者像を思い浮かべたでしょうか。自社のトップ、取引先の社長、現在・過去の著名な経営者等々、人それぞれでしょうし、その評価は読者によってまさに千差万別の状況でしょう。

これまでは「経営者心理学」を理論的に解説することに主眼を置いてきましたが、本章では、経営者の姿をより身近にとらえてほしいとの観点から、RBSの経営者である筆者にまつわる話を取り上げました。起業・経営に関する筆者のさまざまな経験やRBSのビジネスモデル等を通じて、具体論に踏み込んでいきたいと思います。

1 RBSを創業するまで

(1) 独立・起業の伏線

筆者は興銀時代にアメリカ駐在を命じられ、一九八三年三月にニューヨークへ向かいました。このニューヨーク勤務の過程で「将来、起業しよう!」と考えるに至りました。当時二八歳だった筆者はニューヨークで、日本の名立たる大企業の経営者のサポートや接待を行っていましたが、ここで多くの経営者の方々と出会ったのです。

ニューヨークにわたってから三年が経過した一九八六年、その後の筆者の考え方、いや人生そのものを大きく変える出会いがありました。ニッカウヰスキーの創業者・竹鶴政孝さんの孫である竹鶴孝太郎さんにお会いする機会があり、そこでパソナグループの創業者である南部靖之社長をご紹介いただいたのです。その後、南部社長と家族ぐるみのお付合いをさせていただくなかで、ソフトバンクの孫正義社長といった方にもお会いする機会に恵まれました。

こうしたベンチャー社長の方々のお世話を現地でしているうちに、皆さんの勉強会に呼んでいただけるようになりましたが、筆者はその時、「起業家というのはなんて自由な発想で考えるのだろう！」と大きな感銘を受けました。それが筆者の独立・起業の伏線になったことは間違いありません。

(2) 起業する前に証券の世界を知る

一九九〇年一二月末にニューヨークから戻った後、筆者は興銀で日常業務に邁進するなかで、「起業する前に証券業務を知っておきたい」という気持ちを抱いていました。銀行出身者は間接金融のことはよく知っていても、直接金融・証券市場のことはあまり知らないもの。銀行でずっと勤務し続けるつもりならともかく、将来の起業を考える者がこれでは話になりません。

しかも妻の体調が思わしくなかったので、銀行で猛烈に働いて相応の地位を得るよりも、妻と家族を大切にしたいとの思いが強まっていました。さらに銀行特有の減点主義ではなく、加点主義の生き方をしたいと考えていたことも事実です。

当時、長年の上司で筆者が最も尊敬していた興銀証券の中村宏社長には、「証券のことを勉強したいので、何かあったらお願いします」と話をしていました。中村さんは常に加点主義で物事を考えるタイプの方です。折しも、二〇〇〇年一〇月に興銀証券、第一勧業証券、富士証券が合併して、みずほ証券が発足することになり、中村さんから「こちらでやらないか」と声をかけていただいたので、みずほ証券発足と同時に出向することになりました。

みずほ証券公開営業部部長としての経験は大変貴重なものでした。株式（エクイティ）に強くなるということが起業、ひいてはその後のＲＢＳでの業務展開（事業承継・資本政策・IPOに関するコンサルティング等）に大きく寄与することになったからです。半面、みずほ証券は三社の合併で成立した会社だけに、出身機関にこだわって仕事や意思決定を行う驚愕の現実を思い知らされました。

(3) 価値観を一変させた妻の死

ところが、ここで筆者の価値観を一変させる出来事が起こりました。二〇〇一年二月、妻ががんで急逝したのです。

彼女は結婚してから大学院に進んでPh.Dを取得し、その後は人事コンサルティングなど時代の最先端を行く仕事をしながら家事や子育てを両立させていました。大変な努力家で頑張り屋です。それだけに、「努力し頑張った結果とは何なのか」「死んでしまったら何もかもゼロになってしまう」……と無念の思いが込み上げるばかり。さらには、「自分は何のために生きているのだろう」と茫然自失の状態となり、やる気をどんどん失っていきました。

その直後に父もがんで亡くなったことに加え、娘が交通事故でケガに見舞われるなどの事態が続け様に起こったこともあり、「なぜ自分だけがこんな目に遭うのか⁉」と、悲しい気持ちになったのは否めません。

とはいえ、悲嘆に暮れ憤慨している余裕など筆者にはありません。残された三人の子どもを自分の力で育てていかねばならなかったからです。仕事をこなしながら食事やお弁当をつくり、掃除などの家事に追われる日々となりましたが、子育てを通じて大きな力がわいてきました。そして、「世のため、人のために貢献しよう！　それこそ自分が〝生きていた証し〟になる」と考えるようになったのです。

コラム　〝生きていた証し〟

起業から現在までを振り返ると、筆者は常に「死」を意識していたように思います。むろん、妻の死が影響していることは間違いありません。

キリスト教的な考え方かもしれませんが、常に「死」からさかのぼって、それまでに何をするかを考えているのです。なぜでしょうか。いざ自分自身が「死」の間際を迎えた時、「これまでの人生でやれることはやった。家族も仕事もすべてのことに対して全力を尽くしたから悔いはない」と思いたいからです。

だからこそ、妻の死後、子育てを通じて大きな力がわき起こり、「世のため、人のために貢献しよう！」と考え、起業へのステップを踏み出すことになったのです。このような〝生きていた証し〟がなければ、死ぬ間際に「幸せな人生だった。悔いはない」と思うことなどできないでしょう。

(4) 興銀退職・独立起業へ

そのような折、ベンチャー企業を支援するニュービジネス協議会が主催したフォーラムに出席する機会がありました。二〇〇一年一〇月のことです。この講演でフューチャーシステムコンサルティング（現・フューチャーアーキテクト）の金丸恭文社長（現・会長兼CEO）の言葉で、筆者はついに起業の決心をしました。

その言葉こそ、第1章5(2)のコラムで紹介した逸話「不況の時こそ起業のチャンス」なのです。「景気がよくなれば、人を採用できなくなり、家賃も上がる。経営に必要な資源はすべて大企業にとられてしまう」「一九二九年の世界恐慌の時、アメリカではたくさんの人が起業した」――金丸さんの話で筆者も踏ん切りがつきました。

当時、「もう少し待てば早期退職制度で退職金が倍近くになる」といった話が社内に流れていましたが、その話を聞いて筆者は俄然、「それならいますぐ辞めて起業しなければ……」と思うようになりました。その理由ですが、皆さんはわかりますか。

まず、「早期退職制度で辞めれば負け犬に思われる」と考えました。さらに「早期退職制度で大勢のみずほ関係者が辞めれば、なかには筆者と同じことをやろうとする人間が出てくるかもしれない。それなら皆が始める前に自分がいち早く始めなければいけない」と思ったのです。まさに第1章5(2)のコラムで述べた「逆をやる」を地で行ったわけです。

コラム 独立起業をめぐる周囲の反応

興銀退職・独立起業に対する周囲の反応はどうだったかといえば……。

まず、大恩人の中村宏さんは「君がそうやって決めたのなら、いいんじゃないか?」とおっしゃいました。興銀時代の末期に「証券のことを勉強したい。何かあったらお願いします」と頼んでいたので、筆者が起業を考えていることはすでに勘づいていたのでしょう。

テンプスタッフの篠原欣子社長には、「死ぬ気でやれば絶対に大丈夫」とのアドバイスをいただきました。裏返せば、「死ぬ気でやるつもりがなければ、失敗する可能性が高いから、起業しないほうがよい」という意味なのだと思います。

興銀出身で、当時は東京都民銀行頭取をされていた西澤宏繁さん（現・企業再生支援機構社長）は最初、「やめたほうがいい。リスクがある」と心配されていました。しかし、筆者の決意が固いことを知ると「じゃあ応援するから頑張りなさい！」とおっしゃってくださり、本当にありがたい思いがしました。

また、中華食材の製造販売を手がけるユウキ食品の田中晃社長、オフィス用品製造販売のプラス・今泉嘉久社長（現・会長）には顧問として雇っていただき、興銀退職直後の厳しい時期に大きなご支援を賜りました。このご恩は決して忘れることができません。

(5) 株主探し

筆者は起業する際、「自分の出資比率は三分の二以上にならないようにしよう」と決めていました。知り合いの公認会計士から「起業するときは必ず一〇〇％の出資比率にしたほうがよい」とアドバイスを受けていたのですが、筆者は会社の箔をつけるべく、出資比率をあえて一〇〇%にはしませんでした。それに、株式の三分の二以上を創業者がもっていたら、その株式会社は歯止めがきかなくなってしまうからダメだとも考えていたのです。

こうした信念があったからこそ、株主探しに奔走しました。

起業の後押しをしてくれたフューチャーの金丸さんとは、先のニュービジネス協議会で初めてお目にかかり、名刺を交換したにすぎませんが、再度お会いした時に「金丸さんのお話を聞いて独立を決めました」と報告し、「ついては出資してください!」と会って二度目にもかかわらず、大胆にも出資のお願いをしたのです。金丸さんは「いくら必要なのか」と尋ねた後、筆者が希望の額を伝えると「はい、わかりました」といってポンと出資してくれたのです。この時、テンプスタッフ・篠原社長の言葉ではありませんが、「死ぬ気でやっていれば、それを支えてくれる人が現れるものだ」と驚きながらも実感しました。

さらにはプラスの今泉嘉久社長(現・会長)、TSUTAYA創業者でカルチュア・コンビニエンス・クラブの増田宗昭社長(現・会長兼CEO)にも出資していただきました。

コラム

三分の二以上の支配権をもつことの功罪

本文中にもあるとおり筆者は、特定の株主が三分の二以上の支配権をもつのは、株式会社本来の目的である〝チャレンジする仕組み〟を損なうことになると考えています。

株式会社の成り立ちは一六〇二年設立のオランダ東インド会社までさかのぼりますが、東インド会社といえば単なる交易活動のみならず、植民地経営も手がけ、条約締結・交戦の権利も有する等、リスクを追求して未知なる世界にチャレンジするのが目的でした。それだけに、「所有と経営の分離」という株式会社のスキームが用いられたのです。

その後、重商主義の時代を経て近代的な資本主義の時代を迎え、株式会社も発展していきますが、今日では上場してからも創業者一族が三分の二以上の支配権を有している会社も見受けられます。これでは株式会社本来の目的であるリスクの追求とチャレンジは行いにくくなってしまいます。

株主は、株式が紙くず（価値がゼロ）になるリスクを負いながらも、経営者が新しい事業を生み出してくれることに賭けています。にもかかわらず、三分の二以上の支配権をもってリスクを負おうとしない経営を行うことは、一般の株主の期待を裏切る背信行為になると筆者は考えているわけです。

もちろん会社が安定的に存続するには、安易に買収されないようマジョリティを確保する必要も出てきますが、だからといって三分の二以上の支配権をもっていないと困るということはありません。しっかりとした経営に徹していれば、たとえ三分の二を下回る支配権であっても、なんら問題にはならないはずです。

2 RBSの創業

(1) 創業時のビジネスモデル

創業時のビジネスモデルは、基本的には現在でも変わっていません。筆者の長年にわたる銀行・証券会社での経験や人脈・スキルを生かし、経営者の皆様に対して「専門的かつ親身で適切な助言とソリューション」、そして「時代を先取りする情報」を提供していきたい、ということに尽きます。つまり、「知恵を貸し出し、情報を供給する〝ソリューションのメインバンク〟」を目指してきたのです。

銀行員時代、経営者は新規事業案を興奮しながら楽しそうに話してくれますが、「それを事業計画としてもってきてください」といっても、どうしてもつくることができず、せっかくの新規事業が日の目をみなくなるという現実に直面してきました。そこで、会社の成長ストーリーや新規事業の案があっても事業計画のかたちにできない会社をクライアントにして、事業計画策定のお手伝いを始めることにしたのです。

経営者の話をよく聞き、必要があれば工場や店舗などの現場を見学し、稟議書を書いて本部に回す――こうした仕事は本来、金融機関職員が行うべきことです。ところが一九九〇年代後半になり、不良債権問題や公的資金問題などを機に徹底したリストラが求められるようになり、金融機関の職員数が急激に減少した結果、企業のことを深く知る余裕が乏しくなってきました。経済が停滞しデフレ傾向が鮮明となるなか、貸渋りや貸剥がしに象徴される貸出抑制スタンスもこの傾向に拍車を掛けたといえるでしょう。

さらには、投資信託や保険商品の販売が金融機関に解禁され、収益力強化に向けて手数料収入の増強を優先するようになったという事情もあります。ともすれば金融機関職員は、単なる金融商品の〝セールスマン〟と化してしまい、企業（経営者）への指導やアドバイス、財務分析、融資審査、企業の将来性や経営者の資質等に関する目利きといった能力が後退したといっても過言ではありません。

こうした時代環境に加え、事業計画を作成できずに四苦八苦する企業（経営者）を多数みてきた経験から、お金こそ貸さないものの「メインバンクの支店長」のような役割を果たし、「経営者のよき相談相手」になるビジネスへのニーズは必ずあると確信していました。企業を深く知る余裕が乏しくなった金融機関にとっても、事業計画の策定等で企業をバックアップするＲＢＳの存在は頼もしく、有益なものとなるに違いありません。

この路線は、「企業と金融機関をつなぐベスト・ソリューション・パートナー」「ソリューションのメインバンク」を標榜する現在も連綿と受け継がれています。

コラム　営業における〝発想〟の大切さ①

筆者はかつて興銀日本橋支店営業第五班長として新規開拓を担当していましたが、他の支店は十数件程度の実績にとどまるなか、筆者の班は年間四八件の新規開拓実績をあげ、興銀内で全国一位となりました。これは、他の支店とは〝違う発想〟で取り組んだことが成果に結びついた結果です。

筆者は既存取引先の工場を見学した際、材料の入った段ボール箱に貼られている納入書をそっと確認します。そして、そこに書かれている先をその会社に紹介してもらうのです。

既存取引先としても、相手のためになる話でうまく行けばお互いの信頼関係が深まりますし、会社を紹介するとなれば嫌な気分にはならないので、「NO！」といわれることはほとんどありませんでした（もし取引先の紹介で嫌な気分になるとすれば、取引関係に問題ありということになり、それはそれで債権管理上有効なポイントといえるでしょう）。

(2) 提携から社員の確保へ

創業当初、社員は筆者一人でしたから、プレイングマネージャーとして動かざるをえませんでした。しかし、筆者が獲得してきた案件に対応する人材がどうしても必要となるので、企業とのネットワークがあり会計・財務に詳しい公認会計士事務所と提携しました。

しかし、公認会計士事務所と組んでもうまく行かないことがすぐに判明したのです。

公認会計士の方々は、ミーティングの際は自分たちの事務所に来るよう経営者に指示をします。それに、クライアントの事業計画をつくる際に膨大な量の資料を要求するのです。もともと事業計画を作成できない会社は、社内のデータが整備されていなかったり、必要な資料をすぐに提出できなかったりするもの。ところが公認会計士の方々の対応は、企業（経営者）の実情に合っていないどころが、その正反対を行っていたのです。

そこで、RBSとしていち早く社員を起用しようと決心しました。筆者が目をつけたのは、興銀日本橋支店時代の部下だった小原光男君。当時はみずほ銀行で支店勤務をしていましたが、彼には三カ月間にわたり毎日のように電話を入れました。「給料は大丈夫でしょうか。できれば結婚するまでは銀行にいたい」と渋る小原君に対し、「銀行と結婚するわけじゃないんだから」「結婚、結婚というが、女性はいい仕事をしている男に惚れるんだ」などといいながら、「経営者の相談に乗り、企業の役に立つ仕事をしよう！　新しい興銀をつくろう！」と説得を続けました。

その甲斐あって、三カ月後に小原君は銀行を退職し、RBSに入社してくれました。彼の話によると、「銀行時代にはあれほど電話代にうるさかった澁谷さんが三カ月間も毎日電話してくれたことに感動して入社を決めました」とのこと。実はフレッツに加入した際、三カ月間の無料期間があったので電話代には困らなかったのです（苦笑）。

その後、りそな銀行員の萩野圭一君や、あるゴルフコンペで同じ組で回った大慈弥晶士君が入社してくれるなど、RBSの体制が整備されていきました。もし、このコンペに誘われなければ大慈弥君とも出会えませんでしたから、人の縁というのは不思議なものですし、それだけに大切にしなければいけないと痛感しました。

コラム

営業における〝発想〟の大切さ②

創業当初は、旧興銀の関連会社や関係の深かった先から取引先の紹介をお願いしていました。その際、会社のパンフレットをつくる必要が出てきましたが、この時前述した小原君の〝発想〟が成果に結びつきました。それは、パンフレットに価格を記載するということ。「事業計画の作成　二〇万円」といった具合に記載することで、取引先を紹介する側も安心できますし、取引先の側も見積りではなく定価があることに不安を感じることなく取引を始めることができます。

「事業計画の作成だけで儲かるのか」「事業計画の作成費が二〇万円で大丈夫か」と疑問に思う方もいらっしゃるかもしれませんが、ＲＢＳにとって事業計画の作成は、その会社の情報を得るための入口のようなもの。事業計画の作成を通じて当該企業の課題がおのずと鮮明となり、次のコンサルティング契約につなげられるのです。

(3) アフラック創業者・大竹最高顧問との出会い

創業当初、筆者は人の講演会を設定する仕事も行っていました。いわばコーディネート役に徹していたのです。二〇〇二年一〇月、共同通信社などで活躍されたジャーナリストの松尾文夫さんの講演会を設定した時、アフラックの創業者である大竹最高顧問が参加され、お知り合いになりました。

その後、大竹最高顧問は筆者をいろいろな会合に呼んでくださるようになり、幅広い人的なネットワークを構築することができました。今日の筆者があるのも、大竹最高顧問との出会いがあってこそだと思います。繰り返しになりますが、本当に人との縁は不思議なものだし、大事だと感じています。

コラム　経営者の信頼を得るには

なぜ、大竹最高顧問は筆者を信用してくれたのでしょうか。フットワークや行動力が評価された面もあるでしょうが、最大の理由は、筆者が大竹最高顧問に取引のことなどいっさいお願いしなかったからだと思います。

大竹最高顧問をはじめ、立派で高名な経営者の周りには、お金が目的で近づいてくる人が大勢います。筆者が一度たりともそのようなことをしなかったからこそ、これほど信用していただけたに違いありません。

実際には、多くの人はネットワークをお金（金銭的価値）にできていません。それは、ネットワークをそのままお金にしようとするからです。ネットワークは、自分を高めたり、ブランディングに役立てていったりするものであり、その結果としてお金になっていくのではないでしょうか。

(4) 講演会・セミナーの開始

前項で人の講演会を設定する仕事をしてきたと述べましたが、ある人との出会いをきっかけに自分自身も講演をするようになりました。さて、その出会いとは？

二〇〇三年夏のこと、アフラックの大竹最高顧問が㈳金融財政事情研究会主催の「FE・ITフォーラム参科」にお誘いくださいました。参加費は二泊三日で二八万円なので、とても簡単には手を出せません。幸か不幸か、その時はスケジュールに余裕があり参加を決めましたが、フォーラムの出席者が上場企業の立派な方ばかりという点に心惹かれました。

フォーラムの最終日、朝食をとろうとしたところほぼ満席でしたが、一つだけ空いている席があったので、そこに座ることにしました。偶然にも隣の席には当時、横浜銀行常務取締役だった大久保孝一さんがいらっしゃったのです。自然と会話が始まり、仕事のことを聞かれた筆者がRBSの話をすると、大久保さんは「今度、横浜銀行の本店にいらっしゃい」といってくださいました。

後日、大久保さんを訪ねてRBSの事業内容についてより詳しく説明したところ、次のようなご提案をいただきました。「なかなかおもしろい仕事をされていますね。実は当行の取引先でも、事業計画書をつくれない、あるいはその管理がうまくいっていない会社が少なくありません。今度、そうした企業を紹介しましょう」――。

こうして金融機関から企業を紹介していただくきっかけができました。幸い、ご紹介いただいた横浜銀行の取引先からおおいに歓迎され、現在もお付合いが続いている先が多いのですが、さらに大久保さんは次の提案を持ち掛けてきたのです。「澁谷さんの話はなかなかおもしろいので、今度はうちの情報マイスター会議で講演をしてくれませんか」――。

強い要請に筆者も断りきれず、結局、横浜銀行で講演することになりましたが、それが思いがけず好評で、さらには新規開拓専門の方々にも講演するよういわれました。これを機に講演のニーズがあると確信した筆者は、横浜銀行にとどまらず金融機関の支店へ出かけ、若手職員等を対象とした無料のセミナーを開くことになったのです。

支店内で事業計画書をつくれずに困っている取引先があれば、RBSのことを思い出してもらい、取引先にRBSをご紹介いただくねらいがありました。まさしく企業・金融機関・RBSによるWIN-WIN-WINの関係といえるでしょう。

また、FE・ITフォーラム蓼科がきっかけで『週刊金融財政事情』に一五回ほど連載することにもなりました。「もしフォーラムの参加費で出席をためらっていたら」「もし朝食の席が空いていて大久保さんの隣に座ることがなかったら」、そして「大久保さんの依頼を断り講演会をしていなければ」、とても今日のＲＢＳはありえなかったはずです。

コラム　トップ同士の信用調査

世の中のトップの方々は豊富な人脈をおもちであり、その人脈・ネットワークはどこかで必ずつながりあっているものです。ですから、だれかがトップに近づいてくると、その人のことを他のトップの人に聞きます。そうしてトップに近づいてきた人は、トップがもっているネットワークのなかで信用調査をされることになります。

この時、その人のことを悪くいう人がいたら、トップはその人のことを決して信用しないでしょう。したがってトップに会おうとする人は、そのトップに対してのみならず、だれに対しても誠実にきちんとした対応をしていかないといけません。

3 RBSのビジネスモデル

(1) 「B to C to B」

RBSのビジネスモデルの基本は「B to C to B」というかたちで表現できます。通常、「B to B」もしくは「B to C」と表現されますが、RBSでは「B to C」にさらに「B」を加えている点に特徴があります。

RBSの「B to C to B」は、「RBS－金融機関の営業担当者－一般企業」をそれぞれ示しています。つまり、RBSは金融機関とのネットワークを使って、その担当者から一般企業を紹介してもらい、その企業の財務コンサルティング等を行うのです。

財務コンサルティングを行うコンサルティング会社は多数存在しますが、基本的には「B to B」、すなわちそのコンサルティング会社が直接クライアント候補の企業へ営業を行います。これに対して、RBSでは金融機関とのネットワークを通じて、金融機関職員からクライアント企業をご紹介いただきます。

この結果、クライアントとしては金融機関からの紹介ということで安心できますし、RBSとしても信用できるクライアントとの取引ができるわけです。そして、最終的には前項でも述べたとおり、三者間のWIN－WIN－WINの関係を目指しているのです。

コラム　新たな「日本的経営」の模索

筆者は「日本的経営」とは何かを考えることが必要だと認識しています。バブル崩壊とともに、それまで称賛を浴びてきた「日本的経営」は一転して非難されることとなり、外資系のコンサルティング会社が国内で注目されるようになりました。

しかし、こうしたコンサルティング会社の提案は必ずしも正しいわけではありません。高額なコンサルティング料を支払ったにもかかわらず、ほとんど成果が出ないという事例が多くみられます。今後は、「欧米の経営手法をそのまま取り込めばよい」という経営の仕方は成り立たなくなるに違いありません。

アメリカでは毎年、下位の社員二〇％を解雇するといった経営が行われていますが、日本には日本に合った「日本的経営」というものが必ずあるはずです。たしかに年功序列や終身雇用といった従来の「日本的経営」は、今後は成り立ちにくいはずですが、それとは違ったかたちでの家族的な経営がふさわしいと考えています。

今後あるべき新しい「日本的経営」を突き止めるとともに、日本版MBAのようなシステムを通じてそれを広めたい、というのが筆者の願いです。

(2) 「間に入る」

RBSのビジネスモデルは「間に入る」ことで独自の価値を生み出してきました。事業計画の作成業務という点では、金融機関と企業の間に入ります。金融機関にとって、融資を続けるためには説得力と実現性のある事業計画が欠かせません。一方、企業としては金融機関から融資を受けつつ、自社の成長を事業計画というかたちに反映させることが必要です。そこで、両者の間に入ることにより、企業にとっても金融機関にとってもメリットが生まれるというわけです。

また、RBSが提供している「銀行員.com」や「金融機関.YOM（ドットヨム）」で行う金融庁長官インタビューのように、時には金融機関と金融庁の間に入ることもあります。金融機関は金融庁の考えを知りたい半面、金融庁は金融機関の実態を知りたいし、あるべき方向性を金融機関に伝えたいと考えています。ところが今日では、かつての不祥事の影響や時代環境に応じた金融行政の変化もあり、金融庁が直接金融機関に指導しにくい環境、金融機関と直接コミュニケーションをとりにくい環境となっている面は否めません。

そこで、金融機関にも金融庁にも特定の利害関係をもたないRBSが両者の間に入っていくのです。重要なのは、間に入って両者の視点をもつことに尽きます。

今後は、金融機関が金融庁に直接聞きにくいことをRBSに質問してきたり、金融庁が金融機関のことについてRBSの意見を聞いたりといった機会が出てくると思われます。

(3) ビジネスモデルにおける仕掛け

RBSには、一見すると採算にあわないような事業も存在します。事業計画の作成業務は他のコンサルティング会社に比べて低価格で実施していますし、先の「銀行員.com」「金融機関.YOM」といった媒体も広告収入などの収益は生み出していません。

一般的なコンサルティング会社や会計事務所であれば、事業計画作成のコストに見合う収益を求めるものです。また各種の媒体を扱う企業でも、媒体の宣伝や制作・流通にかかるコストに見合う収益を追求します。しかしＲＢＳでは、これらの事業はそれら自体で採算を求めているわけではありません。実はこうした点に、ビジネスモデルの面で他社と差別化を図る仕掛けが隠されています。

事業計画書の作成を行えば、その企業の課題がみえてきます。その課題に対してソリューションを提供することで、全体として利益を生み出すことができるのです。事業計画書の作成が収益にはならないからといって何も行わなければ、その後のソリューションの提供もなくなってしまいます。

また、「銀行員.com」「金融機関.YOM」という媒体があるからこそ、地方銀行の頭取や金融庁長官にインタビューする機会ができ、これがＲＢＳのブランド力につながっていくわけです。われわれが地方銀行の頭取や信用金庫の理事長にインタビューする際、頭取や理事長に何かを頼むようなことは決して行いません。だから、頭取や理事長の皆様にはインタビューに気持ちよく応じてもらえます。

ＲＢＳのビジネスモデルにおける仕掛け――それは「相手からお金をもらう」ことを短絡的に行わない点にあるのです。

(4) RBSのブランド力

なぜ、お客様が付き合いたいと思うのでしょうか。それはブランドがあるからです。では、このブランドを構成している要素は何でしょうか。それは「親身」「人脈」「明るさ・運気」「資格」「金融のネットワーク」という五つの要素と、さらに重要な要素は「優雅さ」と「知恵」です。「優雅さ」とは立ち居振る舞いが〝エレガントで風格がある〟ということです。

ここで「優雅さ」――すなわち〝エレガントで風格がある〟と思わせる際にいちばん重要なことは「身なり」です。筆者もRBSの社員には「身なり」について厳しく指導しています。

「知恵」はどこの大学を出たか、ということでは決まりません。「知恵」とは「理解力」「まとめる力」なのです。この「理解力」「まとめる力」は面談で五分も話をすればわかってしまいます。ですから、経営者は話をしている時に、その人の「知恵」がどの程度か値踏みしているといっても過言ではありません。

したがって、経営者が話す内容をきちんとまとめて、「つまり、こういうことですね？」

と確認しながら、経営者に「そのとおり！」といわせればよいのです。経営者は常に、「知恵」――「理解力」「まとめる力」――を値踏みしていますから、面談を決して軽視してはいけません。テストされているという意識をしっかりもたなければならないのです。

コラム

社員を経営者に育てたい！

筆者には夢があります。実は、ＲＢＳの社員を経営者に育てたいと思っているのです。皆が経営者のように自尊心をもち、頑張っていってほしいと心から願っています。

読者の皆さんも、社長やリーダーを目指してほしいと思います。そのためには何を学んでいけばいいか、ぜひとも真剣に考えてください。第２章３で指摘した「自己啓発や能力開発のポイント」はおおいに参考となるはずです。

そして、皆さんには経営者の方々のように堂々たる人生を送ってもらいたいものです。そのためにも、若いうちは苦労してください。

⑸「高い山から登る」――経営者としての誓い

本章1⑸で述べた「株主探し」の過程で、プラスの今泉さんから「人に指導するのであれば、自分の会社をまずよくしなければなりません」といわれました。本節でこれまでに説明したビジネスモデルを展開する以上、今泉さんの言葉はインパクトや説得力があったのです。この言葉を聞いて以来、筆者は座右の銘のごとく深く肝に銘じ、「ＲＢＳをよい会社にしよう！」と誓いを立てました。

もう一つ、心に誓ったことがあります。それは「高い山から登る」ということです。要するに、これまで何度か述べてきた「逆をやる」ということにほかなりません。人はだれでも楽をしたいと思いますから（第2章1⑶のコラム「楽化《らく》」参照）、たとえば簡単にとれる取引先から受注をいただこうとしてしまいます。筆者はこの逆をやろうと誓いました。

具体的には、「まず、最もよい会社から受注をいただこう」――すなわち、業界内でリーダーとなっている会社から取引を始めよう、ということです。これは非常に困難な話で、大きな苦労が伴い、並大抵の努力ではすまされません。しかし、業界のリーダーであるよい企業と取引できれば〝ブランド力〟がつくようになります。

反対に、筆者が経営破綻した会社のコンサルティングをしていたら、その後いくら営業をしても「あの会社はおたくがコンサルティングをしたから潰れたんじゃないの?」といわれるのがオチでしょう。

コラム

営業大学院

経営者や管理者については、経営学のような学問が存在するほか、MBAや「○○オフィサー」などといったかたちでなんらかの資格も存在しています。ところが、営業については体系的な学問や資格がなぜか見当たりません。それは、営業という仕事は体系化がむずかしく、今日の営業が高度化しているという事情もあるのでしょう。

とはいえ営業が高度化しているという事実は、それだけ理論化に近づいているということを示しているように感じられます。ですから筆者は、営業というものを体系化して理論を構築することは十分に可能ではないか、そして、将来は営業大学院を設立して、営業を一つの学問として確立できないものか、と考えています。

なお、本節(1)のコラムの末尾に「今後あるべき「日本的経営」を突き止めるために日本版

ＭＢＡのようなシステムを通じてそれを広めたい」と述べましたが、営業大学院はその格好の舞台となることでしょう。

(6) アメリカンフットボール型経営（特化型戦略）

筆者はＲＢＳの経営にあたり、アメリカンフットボール型経営を目指してきました。アメリカンフットボール型経営とは、いわば「特化型戦略」であり、社員の各自が自らの得意分野をもちながら組織全体として強くなっていく、という考え方です。

筆者の次男は高校を卒業するまで特に運動には興味がなく、アルバイトばかりしていましたが、大学に入って突然アメリカンフットボール部に入部したのです。驚いた筆者は「ケガでもしたら大変だ！　大丈夫か？」といいましたが、彼は結局、大学二年生からレギュラーとなって大会に出場し、優秀選手賞を受賞するようになりました。背が高くガッチリした体型を生かして、オフェンスライン（ＯＬ）というポジションで成功したのです。このポジションはとにかく目の前の相手に突進し、ぶつかり、クォーターバック（ＱＢ）のために道をつくるのがミッションです。もし彼がサッカーをやっていても、同じような成功はできなかったでしょう。サッカーというスポーツは、全員がジェネラリスト的な能力を要求されますから……。

アメリカンフットボールは、ジェネラリスト集団によるスポーツではなく、一芸に秀でた人たちが集まって行うスポーツです。これからの企業社会はまさにアメリカンフットボール的な組織が生き残っていく時代になるでしょう。これからの情報化社会を展望した場合、お金ではなく知恵をもった会社こそ生き残るのであり、そのためにはさまざまな知恵や能力・資質をもった人が集まった集団こそ競争力を確保できるからです。

コラム　第二創業期に向けて

おかげ様でRBSも成長し、ビジネスモデルの構築が進みました。これからまさに第二創業期を迎えます。筆者がこれまでに築いてきたネットワークに何を乗せるか、いかなる商品・サービス、付加価値を提供していくかが課題となるでしょう。

アメリカンフットボール型経営のように、RBSの得意なことをアピールしてコンサルティング業務の依頼を受ける体制の整備は喫緊の課題です。そのためには、RBS独自のコンサルティングのプロダクトをつくりだしていく必要があります。特に、従来の財務コンサルティングにとどまらず、金融機関職員向け研修、人事コンサルティング、NPO支援など、より成長が見込まれる分野へのシフトが欠かせません。

とりわけ金融機関職員向け研修は、競争環境の厳しい金融機関が生き残りを図るには人や教育による差別化が不可欠な半面、少子高齢化に伴い良質の人材確保が困難な点をふまえ、対応を強化していきたいと考えています。筆者が一人で何でもこなす状況を改善し、RBS内で研修体系の標準化とスタッフの訓練をしていかなければなりません。

金融機関職員の育成については、RBSスタッフの銀行員ならびにコンサルタントとしての経験・ノウハウ等を生かして、CMA（Certified Management Adviser）という資格を創設し、経営者の視点に即したアドバイスを実現する機能を構築したいと考えています。

本節⑵で金融機関と金融庁の「間に入る」話をしましたが、民間企業と官僚の交流が途絶えるのは大きな問題なので、両者間の情報仲介役の機能も果たしていければ本望です。将来的には、RBSは情報集積・分析の機能をもつ会社にしたいと展望しています。

第4章

経営者との面談心得

第1章で経営者の心理について概観した後、第2章では「社員に対する経営者の期待」と題し、経営者を取り巻く人々、いわゆるステークホルダーのなかで最も身近な存在といえる社員との関係を念頭に置いてきました。続く第3章では、経営者の真髄に触れられるよう筆者の起業・経営記を通じて具体論を展開し、「経営者心理学」をめぐり多角的なアプローチを図ってきました。

本章では、企業の成長をともに考える「共同経営者」のような存在であると同時に、「債権者」の視点で時には厳しい指導も行うという独特の立場にある金融機関職員を対象に、経営者との営業面談を行ううえでの心得を解説していきたいと思います。

いわば「経営者心理学」をふまえての応用編であり、本書の主対象である金融機関職員が心得るべき基本事項をあげてみたので、ぜひ参考にしてください。

1 経営者との面談の前に

(1) 〝心の障壁〟を取り除く――「経営者はこわくない」

「経営者はこわくない」――経営者に対する〝心の障壁〟を取り除くと、法人営業の実績もあがってきます。では、どうしたら〝心の障壁〟はとれるのでしょうか。

経営者が常に考えているのは「売上げを伸ばす」こと。ですから、経営者にお会いする際は「売上げを伸ばす話」をすることが欠かせません。ところが、業績のあがらない金融機関職員の場合には、経営者に対する〝心の障壁〟を抱くと同時に、肝心の「売上げを伸ばす話」をしていないケースが多く見受けられます。

「売上－経費＝利益」ですから、経営者は当然「利益を伸ばしたい」と思っています。ただし、経営者は経費の削減よりも、売上高を伸ばすことのほうに強い関心を示す傾向が強いといえるでしょう。経営者にとって、売上げはエンジンであり、経費削減はブレーキのようなもの。いくらブレーキがよくても、エンジンがよくなければ性能（＝業績）はあがらず、競争に勝ち抜くことはできません。だから、経営者はよいエンジンをもちたいと思い、経費削減よりも売上高を伸ばすことに興味を示すわけです。

経営者の関心事を理解して「売上げを伸ばす話」を考えるだけでも、経営者に対する〝心の障壁〟を取り除く第一歩となるに違いありません。

コラム

本当は財務・経理担当のほうがこわい！

前項で「経営者はこわくない」と述べましたが、金融機関職員の立場からすれば、本当は財務・経理を担当する役職員のほうがよほどこわいといえるでしょう。

その理由は、財務・経理担当のニーズや関心事を考えればすぐにわかります。彼らは何よりもより良い条件、低いコストで資金を調達することを第一に考えているのです。したがって、貸出金利が相対的に高い金融機関の担当者となると、たとえよい情報や提案があっても聞き入れてもらえず、簡単に跳ね返されてしまう危険性が高まってしまいます。

金融機関職員にとっては、多忙な経営者にお会いするのはむずかしいうえ、経営者に対する〝心の障壁〟から、日常的に会っている財務・経理担当のほうが気楽に感じるかもしれません。しかし財務・経理担当に会えば、金利という〝弱み〟で勝負する羽目になりやすいので、本当は彼らのほうが経営者よりもこわいという事実を率直に心得ておくべきでしょう。

(2) 事前に勉強する

経営者との面談を成功させるためには、事前に勉強することが不可欠です。

筆者が講演に行くときには、事前にその会社・金融機関のことや、社長・頭取・理事長などトップの方々の発言や経歴を必ず勉強していきます。そして講演のなかで、トップの言葉を引用したり、トップの経歴をふまえた発言を行ったりするようにしています。だからこそ、講演の内容も説得力が出て、親しみやすさも高まるのでしょう。

コラム　わからないことでも聞かれたい！

筆者には娘がいますが、その娘がよく質問をしてきます。これまでに受けた質問のなかには、「国民主権と民主主義の違いって何?」とか「預金通貨と現金通貨はどこが違うの?」

など、簡単には答えられないものもたくさんあります。

それでも筆者はうれしく感じます。娘に質問されるということ自体、父親にとっては非常にうれしいのです。だから、「わからないことでも聞かれたい！」と思います。

経営者との面談でも、わからないことを聞かれる場合が往々にしてあるものです。その場合は心を切り替えて、「信頼されているからこそ、むずかしいことを聞かれるのだ」「実力のある経営者からいろいろ聞かれて光栄だ」くらいの気概をもてば、経営者に対する〝心の障壁〟は取り除かれていきます。

もちろん、そうした気概をもつためには、いうまでもなく事前に会社（経営者）のことをよく勉強し、必要に応じてその会社の業界動向や現在の金融経済・社会情勢等についても理解しておくことが大前提になります。

(3) 人に興味をもつ

前項の「事前に勉強する」にも相通じることですが、人に興味・関心をもたなければいけません。人の行動には一つひとつ意味があります。その意味を常に真摯に考え、深く考え抜くことで相手の考えや心理が把握できるようになるのです。最終的には、相手のことを自分のことのように考え、親身で誠実な対応ができるようになります。

まずは、その人が何に価値観を置いているか、興味をもつことから始めましょう。あたかも医者が患者に接するように、その人をよく観察し、その人の言葉や態度をよく考えてみることが大事です。そうすれば、その人の「琴線をつかむ」ことが可能になるでしょう。

コラム

「琴線をつかむ」

筆者は気むずかしいといわれる人ほど親しくなりやすいと思っています。気むずかしい人ほど、価値観がはっきりしていて、一度心を開いてもらうととても親しくなることができるからです。むしろ組織内で自分の主張を押し殺してきた人ほど、価値観がわかりにくいものです（大企業には、そういう人が多いように思われます）。

筆者は人の価値観を知ることを「琴線をつかむ」と表現しています。「琴線に触れる」という言葉がありますが、琴線とはその人が大事にしている価値観であり、その価値観を知ることがその人を知ることにつながるので、あえて「触れる」よりも語感の強い「つかむ」という表現を用いるようにしているのです。

(4) 見た目・外見が重要

知恵と見た目・外見は、両方とも高いレベルにあることが望ましいのですが、人は成長する過程で、まずは見た目・外見が成長し、それに続いて知恵がついてくるもの。見た目・外見がひどいようでは、いくら知恵や能力があっても人には受け入れてもらえません。まずは立ち居振る舞いや目つきといった見た目・外見をきちんとしなければなりません。

「人は見た目が九割」などといわれますが、見た目が受け入れられれば、後の一割は能力の問題になってきます。したがって、見た目・外見をきっちりすることに努めるとともに、能力の向上にも不断に取り組んでいかなければなりません。

コラム お年寄りの前では背筋を伸ばす

筆者が成功した経営者とお会いしてエレベーターの前でご挨拶をするとき、背中をたたかれることがあります。どうやら成功した経営者といえども、筆者の若さに嫉妬しているらしいのです。どんなに成功した人でも、筆者には若さという点で負けることを知っているからこそ、嫉妬心で筆者の背中をたたいてくるのでしょう。

だからといって、お年寄りの前で小さくなることはありません。むしろ背筋を伸ばして真っすぐ立ち、若さをアピールすべきです。そうすることで、お年寄りには頼もしくみえ、背中をたたきたくなるのです。反対に、お年寄りに合わせて背中を丸めたりすれば、お年寄りは馬鹿にされていると不快に思うかもしれません。

こんな話もあります。ある金融機関の渉外担当者が高齢のご夫妻を訪ねた際、親しみやすさを出そうと「おじいちゃん」「おばあちゃん」と呼んだところ、そのご夫妻は露骨にいやな顔をされたそうです。この後に本章2⑴でも述べますが、お客様の立場を勘案し、相手の自尊心を傷つけないよう留意してください。

⑸ ブランド力を高める――見識・ノウハウの向上

筆者はよく海外へ出張に行きます。ビジネスのために出張するのはもちろんですが、ブランド力を高めるためという意図もあります。海外へ行き、そこで得た新しい情報や見識を経営者に話すのです。経営者は筆者の話からビジネスのヒントをつかむこともあります。すると経営者の方は、筆者には知恵があると思ってくれるようになり、自分自身（あるいはＲＢＳ）のブランド力が高まるわけです。

もし筆者が「自分は興銀時代によく海外へ行っていましたが、ＲＢＳを創業してからは一度も海外に行ったことがなくて……」などといったら、相手の経営者から「相当苦労しているんだな」と思われるだけです。

皆さんも、海外へ行かないまでも、研修・セミナーや異業種交流会に出席したり、本を読んだりするなどしてノウハウを広げ、知恵を身につけて自身のブランド力を高めてください。本を読むときも、ただ漫然と読むのではなく、線を引いたり、メモにまとめたりするなど自分の物にする努力をしてください。今日のように変化の激しい時代には、本を読んで見識を高め、よく考えないと変化に気づきにくくなります。

2　経営者と面談する際の留意点

(1) 相手の自尊心を高める

相手と親しくなるためには、相手の自尊心を高めることが大切です。では、自尊心を高めるにはどうすればよいのでしょうか。

一つ目は、「教えてください」「アドバイスしてください」ということ。入社したばかりの方であれば、経営者に「どういう目標やキャリアを目指したらいいか教えてください」と話しかけてみましょう。また、取引先の経営者に会ったときは「御社の強みを教えてください」と話せばよいのです。

二つ目に「褒める」こと。だれでも褒められるとよい気持ちになり、自尊心が高まるのです。子どもを育てるときに褒めてあげることが大切といわれますが、それと一緒です。

最後に、その人が決して行けないところに誘ってあげることで、その人の自尊心が高まります。相手が経営者であれば、その人が参加できないような会や場所に誘ってあげると、経営者の自尊心が高まって効果的です。自分が認められていると感じるからでしょう。

ただし、相手の自尊心を高める際に気をつけるべきこともあります。それはポイントを外さないということ。相手が褒められてうれしいと思うところを褒めなければ、意味がありません。では、その人が褒められてうれしいところは何かといえば、その人が大切にしているところがまず指摘できるでしょう。まったく的外れな褒め方をすれば逆効果になってしまいます。

コラム

お年寄りはなぜ同じ話を繰り返すのか

人類の長い歴史において、文字を使い始めたのはつい最近のことにすぎません。それまでは文字ではなく、言葉で大切なことが伝えられてきました。したがって、人間には大切なことを後世に伝えようとする遺伝子が備わっているようです。

だからこそ、お年寄りは遺伝子の働きかけによって同じ話を繰り返すのです。ですから、お年寄りには「教えてください」「話してください」と積極的に話を聞きましょう。お年寄りにとっても「教えてください」「話してください」といわれるのは、これ以上になくうれしいことなのですから……。本章1(2)のコラムのように「わからないことでも聞かれたい！」と思うのは、お年寄りでも同じことです。

(2) まずは感情面・人生観から

ＶＩＰ層（地位の高い人）にお会いするときは、話を切り出すに際、その人の地位から入っていってはなりません。地位から入っていくと敷居が高くなり、コミュニケーションがとりにくくなるからです。また、専門的な技術や知識に関する話に発展しやすいので、相手の話についていけず、自分の強みや得意分野で勝負できなくなってしまいます。

まずは感情面・人生観から入りましょう。感情面・人生観は、いかに時代が変わろうとも普遍的で変わりにくいもの。人の心は変わらないのです。

(3) 取材するように〝聞く〟

経営者に話を聞くときは、相手が取材されていると感じるように、すなわち相手を取材するように〝聞く〟ことが重要です。要所ごとに相手の話をまとめ、「つまり、こういうことですね⁉」と聞いていくようにするとよいでしょう。すると経営者は、「自分の話（考え）がわかってもらえた」と感じ取り、より深く話をしてくれるようになります。

人は自分の考えを広めてくれる人を好みます。だからこそ、相手の意見を取材するように聞いて、より深い考えを導き出すように聞くことが大切です。

コラム 「傾聴」のスキルを磨く

人は自分が話すことのほうに関心が向きがちで、ともすれば他人の話を〝聞く〟のをおろそかにする傾向があります。しかし、本当に大切なのは〝聞く〟こと。うまく〝聞く〟ことができればコミュニケーションが弾み、うまく話せるようになります。〝聞く〟ことは話すことや書くことに比べれば簡単そうに感じますが、実際はむずかしいものなのです。

心理学では「傾聴」を重視します。相手の話を漫然と聞き流すのではなく、相手の話し方、声のトーン、目線、表情、身振り手振りなどから、相手の話の内容や心理を読み取ることが大切になるからです。その意味では、「聞く」は「聴く」と書き換えたほうがよいかもしれません。

「傾聴」のスキルを磨くことは、経営者との面談でもきわめて有効です。本項では話をまとめて取材するように〝聞く〟よう強調しましたが、これは「要約」と呼ばれるスキルです。もう一つ、相手の話を受け入れて、確認の意味も込めて相手の話したことを繰り返す「リピート」も重要なスキルです。「要約」と「リピート」を通じて「傾聴」のスキルを磨くだけでも、経営者との面談は円滑に進むようになります。

(4) 自分の〝強み〟に引き込む――〝弱み〟で勝負しない

相手を自分たちの〝強み〟に引き込むことも大切なポイントです。話題を自分の〝強み〟に引き込むことで、経営者に対して自分ができること、提供できる価値を示すことができるようになります。

前節(1)のコラムで、財務・経理担当に会うと金利という〝弱み〟で勝負することになりかねないと注意しました。このように〝弱み〟で勝負することは断じて避けてください。

(5) 褒めながら紹介する

筆者は経営者の方々からさまざまな会に呼ばれます。その理由を自分なりに考えると、筆者が人を紹介する際には、その人を褒めながら紹介するからではないかと思います。いわばキャスターやMCのように紹介しているのです。その結果、経営者の方々は筆者を〝その場にいてほしい〟人と思うようになったのではないでしょうか。

コラム 営業先では担当者同士で褒め合う

自分のことを褒めながら紹介した場合、相手はどのように思うでしょうか。ただの自慢話に聞こえてしまい、すんなりとは信用してもらえないかもしれません。

ところが、同じ内容を別の役職員から聞いた場合は、意外と相手も素直に受け取ってくれます。そこで、営業では二人で行き、お互いにお互いを褒め合いながら紹介するとよいでしょう。それによって、違和感なく褒められた人のいうことに信憑性が出てきます。
この話はビジネスマッチングにもいえることです。金融機関の担当者が紹介したい企業について、「こうした特長をもったすばらしい会社です」と口添えすれば、相手の企業も素直に話を聞くことができます。まして金融機関からの紹介となれば、信用力が十分ということで効果てきめんでしょう。

(6) 説得力をもつ

評論家やコンサルタントと呼ばれる人は星の数ほどいますが、なかには説得力に欠けるきらいの方も見受けられます。

本当に説得力をもつのは、やはり自分で実際にやったことでしょう。次に、自分が教えたとおりにやってみて成功した場合だと思います。最後に、成功した人を知っているという場合です。

特に相手が経営者の場合には、規模や業種・地域にかかわらず、優れた成功例に惹きつけられやすいといえます。ですから金融機関（職員）がその場で問題解決策を提示できなくても、解決策のヒントをもっている成功者（事例）を紹介するなど、成功者ネットワークをもつことは非常に効果的といえるでしょう。成功者ネットワークを幅広くもつことは、金融機関職員の成長にもつながるのでお薦めします。

(7) 「上から目線」をやめ下に降りる

かつて「金融機関職員は床の間を背負って仕事をしている」といわれました。資金の貸し手という優越的な地位がそういわしめたことはいうまでもありません。現在は情報の非対称性の解消が進み、お客様と金融機関との情報格差が縮小したばかりか、場合によってはお客様のほうが情報は豊富な場合すらあります。資金需要が乏しいなか、企業（経営者）側の立場が強くなりやすい面があることも否定できません。

とはいえ、金融機関職員にはまだ「上から目線」でお客様をみる傾向が残っています。この「上から目線」をやめて、下に降りてほしいのです。お客様と同じ目線になるだけでなく、最終的には相手（お客様）を少し見上げる程度に、すなわちお客様より少し下のポジションで接し、コミュニケーションをとれるようになればベストでしょう。そうすれば、経営者など自分と立場や年代の異なる人とも会いやすくなります。

筆者の場合、経営者をはじめ立場や年齢が上の方々はもちろん、たとえば相手が若い女性であったり、ＲＢＳの経営者として社員に接したりする際も、少し下から見上げるような目線で接するようにしています。同時に、「あなたのやっていることはとても参考（勉強）になります」「若い人たちの意見を経営者は待っています」などといって、モチベーションを高める工夫も怠りなくしています。

「上から目線」をやめて少し下に降りる――相手を少し下から見上げる――ことは、ＶＩＰ層にお会いしたり、年代・立場や性別の異なる人たちとコミュニケーションをとったりするためのみならず、人の上に立つ者のリーダーシップにも有用なコツなのです。

3 経営者の特別な心理と金融機関（職員）の立場

(1) 経営者になって変わったこと（気づいたこと）

筆者は銀行員から一念発起してＲＢＳを創業したわけですが、経営者になって変わったこと（気づいたこと）がいくつかあります。

第一に、せっかちになったことです。「時は金なり（Time is money）」といいますが、すぐ社員に「あれ、どうした⁉」などと聞く機会が格段に多くなりました。また、経営者はプライオリティの高いことから話をしたがります。したがって部下や金融機関職員がとるに足らない事務的な話題に終始すると、憤りや不満を禁じえない状況になることでしょう。そのため、部下や金融機関職員の人たちは経営者が何を考えているのか、まず考えてコミュニケーションをとらなければいけません。

第二に、中小企業の経営者と多くお会いする過程で感じたことですが、中小企業といえども社長のプライドは相当に高いということです。これまで自身で果敢にリスクをとり、自分の力で成し遂げてきたという経験、いままで成功してきたという自負がプライドを高くさせるのでしょう。

第三に、白黒をつけたがる、すなわち敵か味方か、よいか悪いかを敏感に判断するということです。一般のサラリーマンだと、人との関係や付合いが経営者ほど濃密ではないのに対し、経営者の場合はだまされた経験も少なくないので警戒心が生じやすく、それで白黒をつけたがる傾向が強いのだと考えています。

以上、これらの「経営者の特別な心理」を認識しておかないと、金融機関も大変になるのではないかと思うようになりました。そうでなくても「金融界の常識は世間一般の常識にあらず」などといわれるくらいですし、貸し手という優越的な地位にありますから、どうしても金融機関職員の言動や行動には問題が目立ちやすいのです（詳しくは、拙著『事例に学ぶ法人営業の勘所』入門編（第1章～第4章）参照）。金融機関職員の何気ない一言が経営者のプライドを傷つけ、有望な潜在顧客を失いかねません。つまり、金融機関職員のちょっとした言葉遣いや態度で経営者から嫌われてしまうのです

コラム

商品・サービス提供者の〝質〟

激しい競合を通じて商品・サービスの同質化が進むと、今度は商品・サービス提供者の〝質〟が問われることになります。その際に大切なポイントになるのは、挨拶の仕方、言葉遣い、面談の仕方、マナーやエチケットの類いです。

金融サービス業は、それこそ競争の激しい世界ですから、商品・サービスの同質化が進んでいますし、画期的な商品・サービスもすぐ追随されてしまいます。すると最後に決め手と

なるのは金融サービス業者の〝質〟ということになるでしょう。

ですから、筆者は法人営業についてもマナーやエチケットの学習・研修が必要だと強調しています。マナーやエチケットに関しては、窓口の職員には厳しく指導していても、法人営業担当者に対してはまったくといっていいほど指導を施していません。

営業や面談の仕方一つで、すなわち金融機関と企業（経営者）との〝接点〟が変われば、両者の関係や法人営業の業績は随分と違ってきます。法人営業担当者もマナーやエチケットを守り、企業（経営者）のことを深く知り、企業（経営者）のしてほしいこと（解決してほしい課題や悩み）にきちんと対応してもらいたいと願ってやみません。

(2) 〝一世代上の人〟と交流する

最近、異業種交流会が活発です。ＲＢＳの本社がある東京・丸の内界隈でも「丸の内朝大学」が活況を呈しています。こうした交流会が活発に行われているのはいい話ですが、筆者は交流会等の実情に対してある懸念を抱いています。それは、最近は同じ年代の人たちが集まる傾向が強いということです。

第2章3(1)では、「自己啓発や能力開発のポイント」として「自分を高いところへもっていく」重要性を力説しました。そのためにお勧めしたいのは、経験に裏打ちされた哲学・理念と幅広い人脈・ネットワークを有する人と交流すること。「志」の高い経営者はまさに打ってつけの人材ですが、人脈や見識・知恵を広げるという点で〝一世代上の人〟と交流することが望ましいでしょう。同じ世代・立場の人ばかりと交流しても、人脈や見識・知恵はなかなか広げられず、時間やコストの無駄になるケースも多いでしょう。

同様に金融機関で行う研修も、同じ金融機関内の同じ年代・立場の役職員だけで集合するスタイルに固執していては、本当の教育にはならないと疑問に思います。いまの金融機関はあまりにも内弁慶な感じがします。たとえ同じテーマの研修であっても、いろいろな業態、さまざまな年代・立場の職員が集まって切磋琢磨すべきではないでしょうか。人脈や見識・知恵も広げられますし、何よりも刺激を受けるので自己啓発や能力開発に資することは間違いありません。

(3) 経営者は感受性が豊か

筆者は二〇一〇年七月、『逆境は飛躍のチャンス』(PHP研究所)という本を出しました。その出版記念セミナーの申込受付を行った際、妻の闘病生活や家族のことに紙幅を割いていることから、当初は女性の希望者が多いと予想していました。ところが、実際には上場企業をはじめ経営者の応募が目立ったのです。これには大変驚きました。

同書については、こんなエピソードもあります。筆者はクライアントをはじめ、日頃お世話になっているさまざまな方に書籍を謹呈しましたが、多忙なはずの経営者ほどすぐに御礼と読後感をしたためた手紙・葉書やEメールをくださるのです。

この事実に筆者は当初、経営者だから相手のことを配慮する一方、自分の信用も傷つけまいと御礼をするのだろうと思いましたが、すぐに考え直しました。「即座に御礼のできる人だからこそ経営者になれたのだ」と――。

一見、リスクをとってバリバリやっているような経営者でも、実は「人との触れ合い」を大事にし、「人の縁」や「心のなかの情感」に対する感受性が本当に豊かなのです。

コラム 涙があふれて止まらない

前述のとおり、拙著『逆境は飛躍のチャンス』を読まれた経営者の方々から、御礼の手紙・葉書やEメールを多数いただきました。そのなかの一例をご紹介しましょう。

その経営者の方も筆者と同じく奥さんに先立たれたので、同書を電車内で読んでいる途中、涙がとめどなくあふれ出てきて止まらなかったそうです。すると、隣に座っていたお婆さんから「大丈夫？」と心配そうに声をかけられたとのこと。そうした内容や御礼の言葉を、奥さんが生前に描いたスケッチの入った絵葉書で送ってくださったのです。

こうした文面やスケッチをみていると、筆者の目も自然と潤んできてしまいます。そして、奥さんのスケッチが描かれた絵葉書をまとめて購入したくなりました。

⑷ 経営者とは「志」の高い人

第1章2⑷では、「志」について触れました。筆者がお会いする経営者をみていると、「志」の高い人が多いことを再認識させられます。たとえば、経営者の多くは「相手がしてほしいことをする」「自分がしてほしいことを他人にする」のです。

世界的な投資家で「投資王」「投資の賢人」の呼び声高いウォーレン・バフェット氏は、かつて「成功の定義とは何ですか」と質問された際に、「愛されたいと望む相手から愛されること」と答えました。この表現を筆者流に引用すれば、成功する経営者の定義とは「尊敬されたいと思う人から尊敬される」人のことだと思います。

ですから、成功する経営者の方は「尊敬されたいと思う金融機関職員から尊敬される」ことに喜びや幸せを感じるはずです。そして、金融機関職員の皆さんはぜひとも「尊敬されたいと思う経営者から尊敬される」存在になってください。

(5) 「お願いセールス」の悪循環

前項にて〝経営者に尊敬される〟金融機関職員になってほしいと述べたので、これに関連して日頃思っていることを申し上げたいと思います。

拙著『経営者の信頼を勝ち得るために【第2版】――営業職員のコミュニケーション術』(金融財政事情研究会、二〇一〇年六月)の第6章では、「支店長のリーダーシップ」について言及しています。筆者はそのなかで、支店長が「目標が支店に降りてくる」という感覚・発想だと、次長・課長や部下に責任を押し付け、支店長は単なる〝業績管理のお目付け役〟になってしまう、と警告を発しています。

では、目標達成率が低い状況ではどうなるのでしょうか。

目標未達
⇩
本部からの叱責・プレッシャー
⇩
本支店長が次長・課長の尻を叩く
⇩
次長・課長が部下の尻を叩く
⇩
お願いセールス
⇩
企業とのリレーション悪化
⇩
（目標未達へ）

残念ながら、目標未達だとこのような悪循環が生じることになります。次長・課長ひいては部下の尻を叩くかたちでの「お願いセールス」が奏功し、一時的には目標達成率が八〇％から八五％ぐらいに上昇するかもしれません。しかし中長期的に継続する保証はないばかりか、いずれ目標達成率が八〇％未満に低下する危険性すらはらんでいるのです。

しかも、従来は業績評価が中間期と年度末の年二回でしたが、四半期決算で業績評価は年四回にふえたので、それに伴い「お願いセールス」の回数がふえると、企業（経営者）側は受け入れる余裕がどんどん乏しくなっていくに違いありません。そうでなくても、企業経営を取り巻く環境が苛酷になっているわけですから。

「お願いセールス」によって企業（経営者）とのリレーションが悪化しないよう、金融機関は注意しなければなりません。とりわけ支店長は支店の経営者として、期の始まる前にきちんとしたビジョン（戦略）と方法論（戦術）を明確に部下に提示する一方、自らも実践し範を示してリーダーシップと責任を果たすことが肝要です。

第5章

お客様に喜ばれる営業ノウハウ集

前章では、筆者が提唱する「経営者心理学」をふまえ、金融機関をはじめとする担当者が経営者と面談する際の基本的心得を説明しました。その内容を自分なりに咀嚼して心がけるだけでも効果的ですが、さらに本章では、筆者が実践して成果をあげた営業ノウハウを具体的にご紹介しましょう。

本章で取り上げた営業ノウハウは、実際に筆者が銀行員時代に経験したことであり、RBSを創業してからも経営者と会う際に有効なものばかりです。本書は「経営者心理学」をテーマとしているだけに、理論的に説明してきた箇所は実践がむずかしいと感じるかもしれませんが、この営業ノウハウ集を参照すれば、「これなら自分でもすぐに実行できる!」といった具合に自信ややる気をもてるのではないでしょうか。

本章でご紹介した営業ノウハウを駆使することで、お客様(企業・経営者)、金融機関(自分の所属組織)、そして自分自身の三者間でWIN‐WIN‐WINの関係をぜひとも構築してください。こうした三者互恵ともいえる醍醐味は、金融機関をはじめ法人営業を担当する方にしか味わうことのできない特権だと思います。

1 経営者と会うために何が必要か

(1) 経営者・決裁権者（実権者）が相手

企業を訪ねて面談する際、「だれに会うべきか」と質問したら、読者の方から「本書は経営者心理学がテーマなのだから、いうまでもなく相手は経営者に決まっているだろう」という声が聞こえてきそうです。

ところが、企業で普段面談する相手となると、経営者ではなく「財務・経理の部課長や担当者」という場合が非常に多いのです。それでは第4章1(1)のコラムで述べたとおり、結局は金利の話になってしまい、金融機関は〝弱み〟で勝負する羽目になってしまいます。

営業推進および債権管理という観点から、経営者にお会いすることが大切です。経営者にお会いできない場合は、ぜひとも企業内の決裁権者（実権者）に会うよう心がけてください。その理由としては、次の五つがあげられます。

① 経営者（以下、決裁権者や実権者も含む）は、事業に対する関心が人一倍強い

② 経営者は企業経営上の全社的な重要課題を抱えている

経営者は財務・経理担当とは異なり、全社的な重要課題の解決に腐心しているので、金利・コストといったことよりも、売上げの増大や商品・サービスの効率的な販売や開発をはじめ、事業に直接かかわることへの関心が強いのです。

したがって前記①、②の理由をふまえた場合、金融機関職員がソリューション営業や提案活動を行ううえで最も効果的・効率的な相手は経営者ということになります。

③ 経営者は感性・感情が豊か

一般のサラリーマンは立場上、自分の意見や考えをなかなか表明できないのに対し、経営者は会社としての深みのある鋭い意見をいってくれますし、感性や感情が豊かなので（第4章3⑶参照）、その懐に飛び込むほど琴線をつかみやすくなります。

④ 経営者は好奇心が旺盛

特に「新しいこと」、すなわち人（他社）よりも一歩先を行くような情報を知りたがっているので、そうした「将来情報」を提供すれば非常に歓迎・評価されます。

⑤ 役割分担――経営者は「断り役」ではない

経営者の決断や言葉は企業の「機関決定」と思われるため、簡単には断りの決断をしたり、断りの言葉を発したりすることはできないので、経営者は金融機関等からの提案や相談を〝断りにくい〟立場にあります。逆に、財務部や経理部の次長などは「断る」のが仕事といっても過言ではありません。繰り返しになりますが、「断り役」の財務・経理部の次長よりも、「断り役」ではない経営者に会ったほうが効果的・効率的なのです。

なお、経営者が「断り役」になっているような企業は、社内での役割分担が明確になっていないといえ、債権管理上注意が必要といえるでしょう。

(2) 経営者に会うための動きをする

「経営者になかなか会えない」とこぼす金融機関職員をみかけますが、本来、金融機関職員が経営者に会えないということはないはずです。もし金融機関職員に問題があるとすれば、お客様のニーズとは関係のない商品・サービスを、自行庫・自分の都合で強引に売り込もうとしているのではないでしょうか。「売り込もうとしたら売れない」のです。したがって、金融機関職員は経営者に会うための動きをしなければなりません。

①　ビジネスマッチングの活用

第4章3⑸のとおり、いわゆる「お願いセールス」は結果的に金融機関の首をしめることになりかねません。金融機関取引を無理にお願いする（売り込む）のではなく、経営者に「喜ばれることをする」ことが、経営者に会い面談を成功させるための第一歩となります。単純な「お願いセールス」とは差別化されたアプローチが必要になりますが、たとえばビジネスマッチングの活用は有効でしょう。

②　社長には社長

新規開拓に取り組む際、自行庫の既存取引先を紹介するビジネスマッチングが考えられますが、その際には新規開拓先の経営者を既存取引先との面談に出てきてもらうようにしましょう。「こちらは社長が出てきてくれますので、そちらもぜひ社長にご出席いただきたいと思います」といえば、社長相手に一般の社員を会わせるわけにもいきません。そうすれば社長か、社長の都合がつかなければ営業担当役員などが出てくるはずです。

③ お客様からの紹介（取引関係・交友関係）

「お願いセールス」と並んで、いわゆる「飛込みセールス」も考え物です。高度成長期ならともかく、現在のように不確実性の高い環境下では、一〇〇軒飛び込んでも成果がまったくあがらない可能性すらあります。支店の人員も限られていますから、効率的な営業方法を模索しなければなりません。とりわけ新規開拓で有効な手法は「既存取引先から紹介してもらう」ことでしょう。その成約率は飛込み営業との比ではありませんし、労力や時間も飛込み営業ほど無駄にならずにすみます。

なかでも経営者からの紹介となれば、成果は格段にあがることでしょう。そのためには、経営者のビジネス上の取引関係にとどまらず、プライベートな交友関係も重視すべきです。むろん、経営者が金融機関の担当者を気に入ってはじめて顧客（取引先）を紹介してくれるわけですし、紹介された企業（経営者）もその担当者を気に入らなければ新規開拓にはつながりません。いわば顧客（取引先）を紹介してくれる「新規開拓の応援団」をつくることが、新規開拓成功の近道ということなのです。

④ 担当者を褒める

ビジネスマッチングをはじめ面談の場に経営者が登場する場合には、第4章2⑸のコラムにあるとおり、担当者同士あるいは支店長・役席と担当者が一緒になるなど複数で同行訪問し、担当者を褒めながら紹介するのも実効性のある手法といえます。

(3) 紹介をしてくれる核になる経営者

前項③で「経営者からの紹介」が新規開拓で有効と述べ、経営者に気に入られる努力の必要性を説きました。皆さんのことを気に入ってくれている経営者のうち、特に幅広い人脈をもつ経営者を核にして、ターゲットとする新規先の社長宛てに紹介状を書いていただくとより効果的でしょう。「A金融機関のBさんは非常に頼りがいのある優秀な方で、付き合って損はないのでご紹介します」と一言添えてもらうだけで効果は飛躍的にあがります。

そして、紹介してもらった新規先には徹底的にサービスを尽くしましょう。新規先の経営者の満足度が向上すれば、今度は次の企業（経営者）を紹介してくれるといった好循環につながっていきます。経営者の「口コミ」は非常に大事です。

(4) 経営者はこわくない！

「経営者はこわい」という心の障壁があっては、法人営業は成功しません。経営者に何を聞くかという準備さえあれば、経営者にお会いし面談するのはこわくないのです。企業や経営者の情報を事前に収集し、「質問リスト」を事前に用意するように心がけましょう。また、「社長に叱られるのでは」とマイナスイメージをもつのではなく、「私はこの社長と親しくなるんだ！　だから社長も私のことを好きになってくれる」とのプラスイメージをもって面談に臨むようにしてください。

面談の際には、経営者の自慢話やうれしい話をしてもらうよう、うまく持ち掛けたり誘導したりするとよいでしょう。また、経営者の人生観や経営哲学、座右の銘、愛読書、最近関心を抱いていることなど、プライベートに関する話題や日常会話を取り込むことも、円滑なコミュニケーションには欠かせません。

ところで、「将来情報」を先取りしたい経営者としては、若い人や女性の視点を非常に気にかけています。その意味では、「若い人の話を聞きたい」「女性の話を聞きたい」と思う経営者が非常に多いことも事実です。面談には若手や女性の起用を進めるべきでしょう。

(5) スピード

「新規開拓をした後、すぐには次の取引をせずに少し時間を置いたほうがよい」という話を聞くことがあります。この言葉の背景には、たとえば融資を実行した後にすぐ「また貸してほしい」といわれた場合、立て続けの融資要請は不審で延滞や粉飾の危険性が高くなる、という警戒心があるのでしょう。

しかし、この話は二重の意味で間違っていると思います。

まず、「新規開拓＝融資」とは限りません。リスクや労力等を勘案した場合、むしろ融資以外の面で情報・サービスを提供して新規先に気に入られるようにすればよいでしょう。前述したビジネスマッチングはその好例といえます。

それから新規開拓には、①母数をふやして成約率を高める〝大数の法則〟（第2章1⑶）に依拠する面があり、限られた人員数で効率的に回る必要があるほか、②「熱意」も新規開拓には不可欠ですから、両者を満たすには「スピード」が要求されます。したがって、「新規開拓の後は少し時間を置いたほうがよい」との考え方には納得できないのです。

(6) 複数の人にフックをかける

ここで筆者の体験談を紹介しましょう。ある地方銀行が主催した経営者の交流会に参加したところ、業種や規模、取引支店の異なる取引先の経営者が一堂に会し、実に盛大で壮観なものでした。地域に密着した銀行の強みと存在感に圧倒されましたが、司会者が「それでは、ゆっくりとご歓談ください」と述べた後の光景には愕然とさせられました。

というのも、主催した地方銀行の役職員が率先して挨拶や歓談に回ろうとしないからです。金融機関の役職員が介在役として経営者同士を引き合せれば、文字どおり異業種交流となってビジネスマッチングにも結びつくのですが、彼らが積極的に動かなければ、経営者の交流など進むはずもありません。どうも金融機関には、「われわれが自ら動く必要はない。取引先のほうこそ自分のところに来るべきだ」といった意識が強いようです。大変残念なことですし、ショックを受けました。

RBSの経営者として実感していますが、多忙な経営者を集めて会合を催すのはとても大変なことです。そうした機会は滅多に設けられるものではありません。経営者が一堂に会しての会合は非常に貴重なので、せっかくの機会を生かす意味でも、こういう時にこそ金融機関の役職員は介在役・コーディネーターとして積極的に動く必要があります。そうすれば、多様な取引先（経営者）がメリットを享受することになり、結果として金融機関自身の収益にもつながっていくのです。

ある信用金庫が主催した同様の会合に講師で呼ばれた際、筆者は歓談の時間に各テーブルを回り、出席した経営者の方々全員と名刺を交換しました。それをみた信用金庫の方から、「自分から名刺を交換した講師は澁谷さんが初めてです」と驚かれたほどです。

相手先の一人だけと親しくなっても、その効果は限られてしまいます。より多くの人に評価され、知ってもらうことが肝心です。これは商談会に限らず、企業を訪ねた場合にも同じことがいえます。社長（決裁権者・実権者）はもちろんのこと、総務・営業・企画など各部門に顔を出さないと意味がありません。

このように「複数の人にフックをかける」ことで、面談や商談会の成果が随分と違ってきます。また「複数の人にフックをかける」ことは、情報収集やリスクヘッジという観点からも重要といえるでしょう。金融機関の関係者はぜひ意識して取り組んでください。

コラム　小さい案件、小さな会社を大切に！

筆者は仕事柄、さまざまな企業の経営者とお会いしていますが、金融機関（職員）に関して多くの経営者が異口同音に語ることがあります。それは「なぜ私のところに顧客の紹介を求めに来ないのか」という疑問です。

気後れや自信のなさといった〝心の障壁〟もさることながら、それ以上に「金融機関の目線で企業（経営者）をみる傾向が強い」ことが影響しているのではないでしょうか。

要するに、金融機関（職員）はそうした企業（経営者）のことを「一、〇〇〇万円の貸出先」としかみていないように感じられるのです。

しかし、そうした姿勢は自分で自分の首を絞めるだけ。経営者との親しい人間関係を構築できず、取引先（顧客）を紹介してもらえないようでは元も子もありません。第4章2⑺で取り上げた「上から目線」もそうですが、金融機関の都合を最優先するスタンスからいち早く脱却すべきです。「複数の人にフックをかける」努力はその第一歩となることでしょう。

それから、小さい案件、小さな会社をもっと大事にしてください。企業（経営者）から

「うちの規模は小さいのに、あの金融機関（役職員）は丁寧に対応してくれた」と喜ばれるようになれば、「親しい人間関係の構築」につながるに違いありません。

(7) まずは利害関係のない関係から

これまで述べてきたことの総括にもなりますが、ポイントをかいつまんで説明しましょう。

まず、適切な「自己開示」が必要なので、経営者の〝記憶〟に残るよう、経営者の〝感情〟に訴える努力が求められます。ただし、自己開示や自己PRが強引な「売込み」になっては元も子もありません。「売り込もうとしたら売れない」以上、「売込みはしない」ように細心の注意を払ってください。さらに、適切な自己開示や自己PRを行うには「親近感」と「信頼感」が第一歩になると肝に銘じるべきでしょう。

経営者との面談では、相手のことを「深く知る」ために「事業」「経営理念」「経営戦略」を聞くことは絶対に外せません。そのうえで、本節(1)で述べたようなプライベートに関する話題や日常会話を適宜織り込んでいくと、コミュニケーションが弾んでいきます。

また、経営者の「趣味」を聞くことは経営者を「深く知る」うえで重要ですし、新規顧客の紹介に結びつく可能性もあるのでお勧めします。

侮れないのは「出身地」「出身校」や「これまでのキャリア」を聞くこと。前述の「趣味」も含め、自分と経営者の共通点（接点）を見出すまで質問できれば、話のきっかけや取引開拓・拡大の端緒をつかめるのはもちろん、債権管理にも有効になります。というのも、こうした点を尋ねた際にお茶を濁してはっきりと答えない場合には、何か問題（ウラ）のある場合が多いからです。たとえば前職をはっきり答えない人だと、前に所属していた企業で不祥事を起こしていたケースが多いといえます。

このように考えると、「まずは利害関係のない関係から」築き上げていくことが、経営者と面談し法人営業を進めていくためのポイントといえるのではないでしょうか。そのうえで、業界の話、新規ビジネスのヒントとなるような情報の提供ができるようになれば、経営者の信頼を勝ちうることができ、法人営業成功の可能性が一段と高まるはずです。

2 親しい人間関係の構築

(1) 経営者に「喜ばれることをする」

本章1(2)①で「経営者に「喜ばれることをする」ことが、経営者に会い面談を成功させるための第一歩」と述べました。なぜ「喜ばれることをする」ことが必要なのでしょうか。

ソリューション営業では取引先の課題を解決することが大前提となりますが、「ソリューション営業＝金融商品化」と誤解する向きもあります。リスクヘッジを求める先に対し、これ幸いとばかりハイテクを駆使したデリバティブ商品を押し付けるケースが見受けられるのはその一例です。ソリューション営業といいながら、自らの都合や利益を最優先する金融機関の姿勢には違和感や疑問、さらには憤りすら禁じえません。

こうした傾向が災いしているのか、ソリューション営業を堅苦しく考える金融機関職員が多いようです。そこで、筆者がソリューション営業の話をする際には、「まずはお客様に喜んでもらうことをしよう！」と提案しています。すると、金融機関職員は途端にソリューション営業のプレッシャーから解放され、〝心の障壁〟が取り除かれていきます。

話は変わりますが、最近、「新規銀行、お断り！」の看板をみかけるようになりました。「金融機関取引は現状で十分足りている。当社と取引のない金融機関は来ないでほしい」という企業（経営者）側の警戒心の表れでしょう。この結果、取引のない金融機関職員は新規開拓ができないどころか、経営者に一度も会うことなく門前払いされてしまうのです。

こうした事態は、「売り込もうとしたら売れない！」の大原則を破り、強引に売り込もうとする金融機関の姿勢に嫌気の差した企業（経営者）が多い事実を如実に物語っています。またＩＴの発達もあり、情報の非対称性が解消されて企業（経営者）のレベルが向上し、金融機関が尊敬されにくくなっていることの裏返しともいえるでしょう。

それだけに、「貴社のことをもっと深く知りたいのです」と切り出し、当社の課題を把握したら解決策を提示して経営者に喜ばれる真の「ソリューション営業」を通じて、「新規銀行、お断り！」の看板を果敢に突破してほしいのです。なお、新規開拓は困難が伴う以上、本来は担当者任せにしないで支店長が率先して取り組むべきですし、新規開拓の専担者がいる場合には支店長も同行するといったバックアップが欠かせません。

(2)「友達になる」

経営者に喜ばれることをすれば、感謝され、信頼関係の醸成・向上につながります。信頼関係とは、すなわち「親しい人間関係の構築」にほかなりません。

筆者が興銀時代から信条として心がけているのは、経営者はもちろん、相手（お客様）がどんな方でも「友達になる」こと。端的にいえば、アポなしで電話を入れたとき、相手から「すぐ来いよ！」といわれるようになることであり、ビジネス上の付合いにとどまらない関係の構築といえるでしょう。むしろ、ビジネスということを強く意識しないほうが、人間関係上はよいのかもしれません。

実際、筆者は複数の地銀トップと「いま東京にいるから一杯やらないか」などといわれるような間柄になっています。これは自分にとって大きな自信・励みになっています。

(3) 営業ノウハウ集①——銀行員時代の体験から

続いて、筆者が銀行員時代に予想以上の成果をあげた体験を紹介しましょう。

① アメリカ南部の日系企業の工場に日本の雑誌をもっていく

海外で日本の情報や話題に触れようとする場合、現在ならインターネットを駆使すれば自由自在にできますが、筆者が銀行員だった一九七〇年代後半~九〇年代初頭の頃は大変苦労しました。当時、雑誌は日本に関する情報源として貴重だったほか、海外勤務でのストレス発散や余暇には格好のアイテムだったのです。

ところがアメリカ南部ともなると、日本の雑誌は入手困難でしたし、日本から送ってもらうにも時間とコストがかかってしまいます。そんな事情から、現地の日系企業の工場に勤める方々は日本の雑誌を喉から手が出るほどほしがっていました。

そこで筆者は、銀行の支店や寮で読み終わった雑誌を集めてもっていったのです。すると、日本の情報・話題（あるいは日本語そのもの）に飢えていた彼らは、筆者のもっていった日本の雑誌を、それこそむさぼるように読んでいました。銀行の支店にあった雑誌は堅い内容ですが、独身寮の雑誌となると硬軟織り交ざった内容なので、若い現地の職員には大好評だったことをいまでも思い出します。

雑誌は読み終われば捨てられてしまうものですが、「ゴミに出す手間が省ける」と喜んで協力してくれる支店や寮の関係者も多く、銀行の荷物と一緒に送ってもらうことでコストも抑えました。日系企業の工場の方々から、「銀行員がこんなことまでしてくれるとは⁉」「澁谷さんは非常に気の利く方ですね！」と驚かれましたが、この意外感が親しい人間関係の構築につながり、取引拡大の端緒となったのですから侮れません。

②　中国の日系企業に生野菜をもっていく

①と同様の体験として、新鮮な生野菜は高価で流通も限られる中国に進出した日系企業に、日本産の生野菜をもっていったことがあります。中国の野菜といえば、数年前に残留農薬や殺虫剤が検出されたのは記憶に新しいところですが、昔から鮮度や安心性に問題がありました。ですから、日本の生野菜は中国の日系企業の方に大変喜ばれたのです。これも現地の日系企業との取引拡大に多大な貢献をしてくれました。

③　インドの日系企業に米や日本酒、カップヌードルをもっていく

これも①や②に通じる話ですが、世界中から物資の集まるアメリカや、日本から近い中国とは異なり、インドとなれば日本の食材を入手するのは一苦労です。そこで、米や日本酒、意外なところではカップヌードルをもっていきました。インドといえばカレーですが、いくらおいしくてもカレーばかりでは身がもちません。やはり日本の飲食物は、海外の日系企業で働く方々には歓迎されます。

以上、ビジネスを意識して行ったことではないにもかかわらず、相手の欲するものを適切にもっていくという、相手に「喜ばれることをする」ことで、親しい人間関係の構築に結びつき、新規開拓や取引深耕に発展する契機となったのです。

④ ニューヨークのレストラン情報リスト

筆者がニューヨークで勤務していた頃、アメリカの地方部に駐在している取引先の方が家族と一緒に観光でニューヨークを訪れることになり、急遽ニューヨークで評判のよいレストランのリストをＦＡＸで送ったことがあります。この取引先は既往先でしたが、ちょっとした機転が相手に歓迎されたことが取引深耕成功の要因です。

筆者が銀行を退職した後、この取引先の方と二十数年ぶりにお会いする機会がありましたが、「あの時は澁谷さんにお世話になり、大変うれしかった。家族のよき思い出になっている」と盛り上がり、現在も親交関係が続いています。相手に「喜ばれることをする」のは、相手の〝感情〟に訴え、いつまでも〝記憶〟に残るものなのだとしみじみ実感しました。

⑤ Ｊリーグのチケットの手配

サッカーのＪリーグが発足したのは一九九三年のこと。発足直後は人気沸騰でチケットがなかなか手に入りませんでした。当時、筆者は興銀日本橋支店で新規開拓に奔走していましたが、入手困難でプレミアム化したJリーグのチケットを、サッカーに関心のある経営者の方に手配した時は非常に驚かれ、かつ喜ばれました。

実をいうと、筆者は大学でサッカー部に所属していたことから、Jリーグの関係者とも縁があり、チケットを入手できたのです。銀行員だからチケットが手に入ったわけではありません。プライベートな縁が役立つとは思いもしませんでしたが、この体験を通じて「喜ばれることをする」重要性を痛感するとともに、経営者は好奇心が旺盛であること、その好奇心を満たすことができれば「親しい人間関係の構築」が達せられること、「親しい人間関係の構築」ができればビジネスの成果もあがることを痛感しました。

この取引先は新規開拓先でしたが、筆者の率いた班が行内ナンバーワンの新規開拓実績を誇ったのも、一見ビジネスとは無関係で回り道のように思えることが効果的であることを認識していたからだと思います。逆に、金融機関や自分の都合を優先し「初めから営業ありき」の姿勢で経営者に接していれば、新規開拓はスムーズには進まなかったに違いありません。

⑥ サッカー対抗戦

サッカーにちなんだ話をもう一つ。新規開拓や取引深耕を目標に「親しい人間関係を構築したい」と思う先を招き、サッカー対抗戦を開催したこともあります。

いうまでもなくサッカーは集団で行うスポーツですから、相手先の特定の方だけでなく、前述した「複数の人にフックをかける」ことに直結するので効果的です。もちろん、自分の支店・部署のメンバーを相手先に知っていただくよい機会にもなります。

お互いにサッカーで汗をかいた後は……。それは皆さんの想像にお任せしますが、コミュニケーション（飲ミュニケーション？）の中身がグッと深まることは間違いありません。また、サッカーで対戦した取引先から顧客を紹介してもらったり、自店の取引先同士で対戦を組みビジネスマッチングの布石にしたり……と多面的に効果が及びます。

⑦ 香港で日系企業の社長と水泳・日本食

香港といえば、夏は湿度が高いせいで非常に蒸し蒸しします。興銀香港支店副支店長だった時、単身赴任していた日系企業の社長から「プールで泳ぎたい」といわれました。しかし、当時はインターネットで検索というわけにもいかず、日本人でも気軽に足を運べるような混雑していない広いプールをみつけるのは容易ではありません。

そこで、一計をめぐらしました。筆者の同僚が住むマンションに住民専用のプールがあったのを思い出したのです。ここなら混雑せずに安全で、気兼ねすることなく自由に泳げます。そして泳いだ後は同僚の住む一室に招き、手づくりの日本食でおもてなしをするのです。夏の暑さ・湿気対策に加え、お酒を酌み交わしながら手づくりの日本食を楽しむのは、単身赴任で手料理とは縁の薄い日系企業の社長に大歓迎されました。

こうした〝人間臭い〟ともいえる関係を経営者と構築できれば、新規開拓や取引拡大もスムーズに運ぶことでしょう。皆がやる当たり前のことではなく、オリジナリティに富み差異化が図られることを行い、経営者から「こいつは一味違うな！」と思われるようになればしめたもの。しかもお金がかからないとなれば、相手が余計な気遣いをすることもなく、自分自身も負担にはなりません。もっとも、手料理をつくるのは大変かもしれませんが……。

⑷　営業ノウハウ集②――ＲＢＳの経営者として

実のところ、「親しい人間関係の構築」に向けて銀行員時代に取り組んだことはまだたくさんありますが、このまま書いているととめどなく続くことになるので、今度はＲＢＳ

を創業してから現在も継続中の活動で特筆すべき営業ノウハウを紹介しましょう。

①「アメリカ研究会」

ＲＢＳの創業直後、筆者は「アメリカ研究会」という勉強会（講演会）の事務局をボランティアで引き受けることにしました。講演を行うのは、共同通信社の記者時代にニクソン元大統領の訪中をスクープした松尾文夫さん。現在も日米政治史の専門家としてジャーナリストの活動を精力的に行っています。松尾さんのもとで働いていた知人から紹介を受けた際、ちょうど松尾さんも独立の意向を固めていたことから、お互いに馬が合ったのでしょう。

かねてから松尾さんの名前は存じ上げていました。ですから松尾さんを紹介され、独立して講演活動を行う話を聞いた時、即座に「講演会の事務局をやります」と申し出たのです。せっかくの機会ですから松尾さんと「親しい人間関係」を構築したかったたですし、豊富な人脈、見識や情報力がかなり魅力的だったからこその申出といえます。

筆者は招待状の送付リストを作成しては、手紙を一枚ずつ封筒に入れて郵便に出す作業をすべて手がけました。おかげ様で、アメリカ研究会は好評を博しています。アメリカの政治や日米関係に関する勉強になるのはもちろんですが、出席したメンバー同士で新たな交流が芽生えることもこの研究会の大きな特色でしょう。筆者自身、その恩恵に浴した一人です。なにしろ、アフラックの大竹美喜最高顧問（当時は会長）と出会うことができたのですから……。

②「昭和二九年　午《うま》の会」

「アメリカ研究会」の好評ぶりから、イベントやセミナーなどの会合を通じてネットワークを拡大するのはきわめて有効だと確信するに至りました。そこで、次は筆者自身がイベントやセミナーを主催したいと思うようになったのです。

思いついた企画は「昭和二九年　午《うま》の会」。筆者は一九五四（昭和二九）年生まれの午年なので、同じ年に生まれた各界の著名人をお招きして会合を開こうと考えたのです。二〇〇四年はちょうど五〇歳の節目に当たるので、これを機に「午の会」をスタートさせて親睦を深めたいと考えました。ビジネスとは完全に一線を画した会合です。

インターネットで同じ年に生まれた著名人を検索したところ、ユニークな方々が次から次へとヒットしました。片岡鶴太郎さん、石田純一さん、古館伊知郎さん、デーブ・スペクターさん……。早速、所属事務所を調べて送付状を作成・発送しました。

こうした方々とは面識がまったくないにもかかわらず、大胆にも午の会の案内をしたのです。これでは警戒されてしまいますから、やはり筆者と同い年でフジテレビのニュースキャスターである黒岩祐治さんに発起人となってもらいました。また、衆議院議員で後に首相となる安倍晋三さんの参加が決まっていたので、送付状の出席者の欄に加えさせていただきました。「はたして何人来てくれるのか？」――筆者が不安になったのはいうまでもありません。

場所は、当時ＲＢＳのオフィスがあった都内マンション。前日の夜中から掃除を徹底的に行い、食事も自分で用意しました。後で聞いたところ、片岡鶴太郎さんは本当に会合が開かれるのか不安で、近くに車を止めてようすをうかがっていたとのこと。やがて知り合いの芸能人らが続々と入っていくのをみて、会場に足を運んだそうです。

なぜ、こうした会合に大勢の著名人が集まったのでしょうか。芸能人のように著名で交友関係の広い方でも、政治家や銀行家と一緒になる機会は限られているそうです。したがって、こうした会合はいわば異業種交流のよき場、絶好の機会になると考えたのでしょう。「人と人をつなぐ」ことでお互いに新たな発見があり、成長に結びつくもの。午の会に出席した皆さんは企業の経営者と同様、好奇心やチャレンジ精神が旺盛だとつくづく感じます。

③「地方銀行フードセレクション」

続いて企画したのは「地方銀行フードセレクション」という食品展示会です。地方銀行では、地元のバイヤーを呼んで取引先である食品製造業者や農畜水産業者の商品を紹介するケースが多いので、これを全国規模で行えば効果的だと考えたのです。いうなれば「地産地消」ならぬ「地産全消」。各地銀が個別に開催すると手間もコストもかかりますし、個別行のネットワークだけでは出展企業も限られてしまいます。

第一回は二〇〇六年一一月、地銀五行の参加を得て東京国際フォーラムで開催。これが好評だったことから翌年の第二回は八行が参加し、出展企業・団体数も二〇八となりました。第三回以降は東京ビッグサイトに会場を移し、第五回の二〇一〇年は地銀三二行、出展企業・団体数は約六六〇、来場者数は約八、三〇〇人もの規模に拡大しました。

地方銀行が推薦する企業・団体が出展するので、信用面で安心できるほか、全国津々浦々の商品・食材が集まり、バイヤーの方々も効率的にみて回ることができます。これが年々規模を拡大し、成功に至った秘訣といえるでしょう。

コラム　農畜水産物のポートフォリオ分散

ある地方銀行の方から、次のような話を聞きました。

自行の取引先である野菜の製造業者を大手の食品メーカーに紹介した際、その野菜を一年中つくることができるかどうか質問され、一年中はつくれない旨回答したところ、取引は成約に至らず、あっけなく断られたそうです。

この話を耳にした時、「それなら北は北海道から南は九州・沖縄まで全国でその野菜を確保すればよいのではないか。同じ野菜でも収穫時期は各地域で異なる以上、地域金融機関全体で共同・連携して各地の野菜を提供すれば、大手食品メーカーも受け入れてくれる」と直感しました。要するに、「農畜水産物のポートフォリオ分散」が可能になるのです。

地方銀行フードセレクションを手がけるＲＢＳとしては、多様な業態や地域の金融機関の協力・賛同を得て、「農畜水産物のポートフォリオ分散」に資する事業を幅広く展開していきたいと展望しています。

④「金融フロンティア会議」

ＲＢＳが展開する新たな活動として、二〇〇九年六月に発足した「金融フロンティア会議」があげられます。これは〝「占有」「排除」から「共有」「連携」へ〟という次頁のコラムをまさに地で行くものです。二〇一〇年一二月末現在、地域や業態を問わず三八の地域金融機関が参加しています。

金融フロンティア会議には地域や業態を問わず、さまざまな地域金融機関のほか、経済産業省や農林水産省、中小企業庁など諸官庁にも集まっていただき、講演や視察、研修、ディスカッション等を通じて地域活性化への連携を深めるようにしています。よく「産学官連携」とか「農商工連携」といわれますが、研究開発にせよ起業・転業にせよ、ビジネスには資金が欠かせません。ここに地域金融機関が加わることで、すなわち「産学官金連携」「農商工金連携」とすることで、地域活性化の確度も高まっていきます。

つまり、地域金融機関は預金・貸出・決済（為替）という固有の金融サービスにとどまらず、コーディネーターとして「産学官金連携」「農商工金連携」の扇の要になってもらいたいのです。

少子高齢化、大都市圏への一極集中など、地方にまつわる課題が深刻さをますなか、地域金融機関に課せられた機能や責任はますます大きくなるばかり。その一端を金融フロンティア会議で担わせてもらいたい、というのがRBSの偽らざる心情であり、心意気でもあるのです。

コラム 「占有・排除」から「共有・連携」へ

先のコラムでは、「農畜水産物のポートフォリオ分散」を図るうえで、地域金融機関全体での共同事業や連携が重要になると説きました。こうした展開は、成長性に富み豊潤なマーケットにしか関心がなく、停滞した企業・地域からすぐに撤退する狩猟的なスタンスの大手行では無理な話。各地域で固有の強みと存在感を誇る地域金融機関が共同化・連携するからこそ意義があり、効果が大きくなっていくわけです。

こうした話をすると、「地元で競合する金融機関の参加は好ましくない」と拒絶反応を示したり、「いろいろな業態が参加すればRBSの負担になり、迷惑がかかるのでは」と心配したりする向きも出てきます。しかし、こうした発想は金融機関の都合でしかありません。多様な参加者がフードセレクションに一堂に集結すれば、農畜水産物のポートフォリオ分散がいっそう有効性を増し、地域やお客様の利益に結びつき、ひいては自行庫・自社の利益にも跳ね返ってくるはずです。

現在の地域金融機関には、地域限定性という特質から「占有・排除」の論理が働きやすいといえますが、地域やお客様の利益を考えれば今後は「共有・連携」の視座や発想が不可欠でしょう。そして究極的には、自らの利益にもつながるのです。ですから筆者は、「地域やお客様に役立つことは皆で一緒にやったほうがよい」と提唱しています。

3 金融機関（職員）に求められること

(1) 時間・場所・経験を共有する

前節では「親しい人間関係の構築」に向けて述べ、特に(3)と(4)では筆者が銀行員時代およびRBSの経営者として実際に駆使した営業ノウハウを具体的に公開してきました。

営業ノウハウ集の話をすると、「本業（ビジネス）とはあまり関係がないのでは？」「金融機関職員はこんなことまでしなければならないのか」といった疑問の声が聞かれます。しかし、「こうした営業ノウハウは邪道だ」といった感覚でいると、いつまで経っても法人営業の成績は向上しません。「親しい人間関係の構築」を否定するようでは、経営者と金融機関職員の相互信頼関係が築かれず、金融機関間の競合が激しい今日では経営者にいとも簡単に見放されてしまいます。

これまでに述べてきた営業ノウハウのポイントを要約すれば、経営者と「時間・場所・経験を共有する」ということに尽きるでしょう。それが「親しい人間関係の構築」への王道といっても過言ではありません。

何も「本業（ビジネス）を軽視してもよい」などといっているわけではありません。禅問答のような話になりますが、本業（ビジネス）で成果を得たければ、あえて本業（ビジネス）から遠回りとなる試みも必要になるのです。短絡的に利益を追求するだけでは、逆に利益を逸することのほうが多いのではないでしょうか。

⑵ 課題解決のための相談相手として

これは筆者の持論ですが、経営者が課題解決のために求める相談相手としては、次の二つが考えられると思います。

① プロジェクトを実行し、具現化するための相談相手

② 経営者とは違った視点とリスク感覚をもつ相談相手

前者であれば役員・部長や外部顧問など社内に経験豊富な人材がいるものですが、後者のような相談相手は会社のなかにはほとんど見当たりません。両者の役割を果たせる存在こそ、ほかならぬ金融機関職員なのです。

前者では「共同経営者」的な感覚で、後者では「債権者」の視点で経営者の相談相手になればよいでしょう。とりわけ後者の役割は、社内にそうした人材がなかなかいないこともあり、金融機関職員により強く必要とされ、期待されているのではないでしょうか。

そして課題解決のためのよき相談相手となるには、経営者に「本音の話をしてもらう」ことが何よりも大切です。そのためにも「親しい人間関係の構築」を通じて信頼されることが肝要になってきます。さらに、経営者に対して「共感をもち、より多くの課題を共有

する」ように心がけましょう。〝共有〟という点に関していえば、前述の経営者と「時間・場所・経験を共有する」ことも忘れないようにしてください。

経営者のよき相談相手となるには、「事業経営・経営者に対する関心」をもつことを軽視してはいけません。というのも、経営者と金融機関職員では視点や関心が異なるからです。

経営者は事業経営への関心がどうしても強くなります。具体的には、新製品・サービス、営業・販売、新規顧客、新規事業、資本政策・M＆A、人材育成・後継者育成、株価・格付けといった具合です。これに対して金融機関職員の場合には、B／S等の財務諸表をみて企業の財務内容、資金繰り等をチェックすることから、取引金融機関ごとの取引ぶりとか債務者格付、自己査定といった面に目が向きやすくなります。

したがって、金融機関職員には「事業経営・経営者に対する関心」が求められます。この場合には前記①の「共同経営者」的なスタンスが必要でしょう。そのうえで、前記②の「債権者」的な視点、すなわち経営者とは「違った視点・リスク感覚でアドバイスする」ことが要請・期待されているのです。両者のバランスがきわめて大切になってきますが、その時々の企業の課題や情勢に応じて両者を使い分けるようにしなければなりません。

⑶ 自分のお金で店・工場に行く――お客様の視点で

前節⑶および⑷の営業ノウハウ集では、経営者に無用の気遣いをさせないよう、お金をかけずに「親しい人間関係の構築」に取り組む必要性を説いてきました。しかし、コスト面にばかり気をとらわれるあまり、かえって経営者に迷惑をかけるようでは本末転倒といえます。

たとえば、お客様の店や工場を見学すること（実地視察）は、「事業経営・経営者に対する関心」をもつうえで重要ですし、債権管理上も有効ですが、この場合には必ず自分のお金で行くようにしましょう。金銭面でお客様に負担してもらうことなど論外です。

要は、お客様の視点で物事を考え行動することが求められているのです。

「お客様の視点で」という考え方をさらに進めて、自分が「お客様の企業で働いたらどう考える（行動する）か」をイメージすることも、経営者との「親しい人間関係の構築」や面談・営業をスムーズに行ううえで効果的でしょう。金融機関としての立場にとらわれない自由な発想が意外なソリューションを生み出すかもしれません。

むろん、自分が「お客様の企業で働いたらどう考える（行動する）か」をイメージするには、お客様（企業・経営者）のことを「深く知る」ことが大前提となります。

(4) ビジネスマッチングのターゲット選定

ビジネスマッチングは、既往取引先の取引深耕にも新規取引先の開拓にもきわめて有効な手段です。ビジネスマッチングを成功させるには、ＣＲＭのようにデータベースを本部で整備することも大切ですが、現場の営業職員の感度が伴わなければ、せっかく収集・蓄積された豊富な情報も無駄になってしまいます。

「親しい人間関係の構築」については、ビジネスから遠回りのようにみえる試みも重要だと述べましたが、ビジネスマッチングを実際に行う段階では「ビジネスの発想力」そのものが問われるのです。

一例をあげましょう。筆者が興銀で法人の新規開拓を行っていた時、特定の業種にターゲットを絞って集中的にアプローチしていました。その業種とは「ホテル」「スーパー」「建設」等です。この三業種に絞った理由は、その後にビジネスマッチングを行ううえで格好のターゲットになりやすいからにほかなりません。

ホテルの場合、ベッド、机、テレビ、エアコンといった家具調度品のほか、酒・ソフトドリンクや食品も仕入れており、仕入先は多種多様かつ広範なのでマッチングのニーズも高いのです。スーパーの場合には、支店で取引をしている食品のメーカー・商社がほぼすべて取引先候補となります。スーパーはセンチ単位で店頭の棚のスペースを確保する厳しい世界だけに、新商品やユニークな食材を提供できるメーカーや商社を紹介すれば歓迎されます。建設業は資材調達と建築案件紹介の両面でマッチングが期待できる業種です。

このようにビジネスマッチングが期待できる業種はある程度絞り込めるはずです。そこを新規開拓の重点ターゲットとすることで取引のネットワークを広げ、新規開拓も進めることができます。なお、ビジネスマッチングでは、金融機関の場合は自店の取引先のみならず僚店（金融機関内全体）の取引先を、一般企業の場合は自社のみならず取引先を紹介するよう心がけてください。

(5) 信頼できる情報源

金融機関ほど、ありとあらゆる業種と取引関係をもち、事業経営の成功・失敗の事例を把握している業種は他に類をみません。したがって金融機関は情報の宝庫であり、本来であれば情報こそ金融機関の〝強み〟になっているはずです。ところが豊富な情報を有効に使いきれず、いわば宝の持ち腐れ状態にしている金融機関（職員）が少なくありません。「まず初めに営業（融資）ありき」といった姿勢で経営者に接していれば、情報の有効活用はおろそかになっていきます。また、第1章5⑵のコラムで「情報を収集したければ、自分から情報を発信する」心がけが求められると指摘しましたが、自分から情報発信を心がけなければ、情報の収集は思うように進まなくなるでしょう。

既存の情報に満足することなく、「情報が集まる仕組みをつくる」よう不断に努めることが肝心です。それには自ら情報を発信しなければなりません。

加えて、金融機関（職員）特有の「審査的・批判的・分析的」なスタンスは控えてください。同様に、決して「できない」「知らない」「わからない」といわないようにしましょう。この心がけを守るだけでも、本来は豊富な情報と高度の信用力を有している金融機関だけに、「信頼できる情報源」として経営者に喜ばれる存在となるはずです。

そのほかには、経営者の方々に「使ってよかったコンサルタント」を聞き、そのリストをつくるような工夫をするとよいでしょう。経営者がよかったと実感するコンサルタントであれば、金融機関にとっても「信頼できる情報源」として起用する余地が大きいのではないでしょうか。

⑹ 経営者向けのセミナー等を企画する

本章1⑹で、取引先が一堂に会する会合を開催した地域金融機関の話をしました。地域に密着した金融機関の存在感や信用力は圧倒的であることを物語る何よりの証左といえるでしょう。他業種の企業が同様の会合を開こうとしても、多忙な経営者を一堂に集めるのは決して容易なことではありません。

加えて前節⑷では、各種のセミナー・会合でネットワークを広げるという営業ノウハウも紹介しました。こうした経営者向けのセミナーや会合は、取引先の経営者にとっても金融機関にとっても非常に有意義で効果的なものです。大規模でなくても構いませんから、支店レベルで企業経営者向けのセミナー（あるいは勉強会・講演会・異業種交流会）を開催してみてはいかがでしょうか。

ところが、「セミナー開催には本部決裁が必要だ」「出席者が少なかったらどうしよう⁉」「案内状の制作・発送は面倒くさい」「場所の確保や掃除、飲食物の手配も手間がかかる」と消極的に考える金融機関職員が多いのではないでしょうか。

新規開拓の飛込み営業を行っても、昨今の情勢では成果があがらずに努力が無駄になりやすくなっています。飛込み営業の機会損失（逸失利益）が大きい点にかんがみれば、「たとえ参加企業が少なくても、新規開拓の突破口になるのであれば有効だ」といった前向きな意識をもつべきでしょう。

(7) 自信をもって営業する――他に負けない能力・知識・経験とコミットメント

金融機関間のみならず、金融機関内（あるいは部店内）でも競争が激しくなっている折、「この分野ではだれにも負けない」といった卓越した能力・知識・経験をもたなければなりません。「その分野でいちばんだからこそ自信がもてる」ようになるからです。

そのうえで、自分は「必ずお客様の役に立つという自信をもって営業する」ことが必要でしょう。他に負けない卓越した能力・知識・経験が見当たらないからといって悲観することはありません。経営者は信頼に足る金融機関職員と真摯に付き合いたいと考えています。裏返せば、いくら能力・知識・経験が卓越していても、信頼できない金融機関職員とは付き合いたくないのです。ですから、「自分なりに考えて貴社のために有益な提案をします」「貴社の成長のため、自分のもてる力を発揮し精いっぱい尽くします」といった意思や姿勢を前面に打ち出せば、経営者はおおいに感動することでしょう。

金融機関職員としての覚悟・気合・情熱・誠意・誓約・本気度・熱意――いわば「コミットメント」――を明確に示すことが重要です。そのためには勉強や情報の収集・分析を必死に行い、経営者の懐に飛び込む経験を積み重ねることで、自らの得意分野が明確になり、ひいては自信をもって営業することにつながっていくと思われます。

(8) 〝ブランド〟になる

第1章2(1)では経営者の基本心理として「自尊心」を取り上げ、「自尊心」とは「これについては絶対に負けない」という〝プライド〟であり、〝自信〟であると述べ、そうした他に負けないものがあれば、自分自身が〝ブランド〟になるとも強調しました。「他には負けない卓越した能力・知識・経験をもつ」ことで、〝自信〟をもって営業できるようになれば、おのずと〝プライド〟も備わり、最終的には自分自身が〝ブランド〟になるわけです。

これまで述べてきたことも勘案すれば、〝ブランド〟とは信頼であり、「あの人に頼めば大丈夫」「あの人と付き合いたい」「友だちになりたい」「指導してもらいたい」と思われることだと総括できるでしょう。そのためには、見識・ノウハウが備わっていることが必要ですし、人脈・ネットワークがあることは欠かせない条件になります。

(9) 一回の面談を大切に――テーマを決めて行動する

金融機関職員の場合、資金の貸し手という優越的な立場にあることから、経営者との面談が有効裡に進まなくても「またアポをとって話を聞き直せばいい」と考えがちです。しかし経営者の方々は、さまざまな課題に追われているにもかかわらず、多忙な合間を縫って金融機関職員に会っていることを忘れてはなりません。

ですから金融機関職員には、もっと「一回の面談を大切に」してほしいのです。事前の情報収集、経営者と面談する際に必要な質問リストの用意は当然でしょう。質問リストに基づき、あたかも経営者に「取材するように聞く」ことができれば、実り多き面談になるのは間違いありません。漫然と長時間聞き流すことは断じて避けてください。

経営者とのアポがとれたら、「テーマを決めて行動する」ことが不可避となります。経営者にお会いして聞くべきこと、話すべきことを明確にするなど、「目的意識をもって面談する」ようにしましょう。

⑽ 経営者への〝お土産〟

「経営者への〝お土産〟」というと、菓子折りや酒などの手土産を想像されるかもしれませんが、筆者のいう〝お土産〟とはこうした類のものではありません。

それは、「親しい人間関係の構築」に向けた取組みであったり、事業経営に役立つ情報であったり、当社の課題に対するソリューションであったりします。要は、経営者にとって付加価値のある行動・情報・サービス類の提供と定義できるでしょう。

経営者にとって付加価値の高い〝お土産〟の条件として、マメであることが第一にあげられます。面倒くさがってはいけません。アメリカ南部の日系企業の工場にもっていく際に銀行の支店や寮から雑誌を集めた話（前節⑶①）や、ニューヨークのレストラン情報リストの作成（同④）はその好例といえるのではないでしょうか。

第二に、その土地にないもの。前節⑶⑦の香港で日系企業の社長と水泳する話で、同僚のマンションにあるプールを思いついたのは、われながら会心のヒットだったと思います。

第三に、意外性。皆が当然のように行うことをしても効果は乏しくなります。義理で仕方なくもっていくようなものは歓迎されません。オリジナリティに富み他と差異化が図られるもの、「こいつは違うな！」と思われるようなもの、「金融機関職員がこんなことまでしてくれるのか⁉」と驚かれるようなものが必要です。経営者も生身の人間ですから、〝人間臭い〟ものだと経営者の「感情」に訴え、「記憶」に残る〝お土産〟になります。

そして、経営者のニーズに合致していること。そのためには経営者（企業・事業）への関心を不断に高め、経営者（企業・事業）を「深く知る」努力が必要です。さらに、相手先（企業・経営者）への「愛情」も欠かせません。まず相手先を「肯定」することから始めましょう。肯定は「受容」につながり、最終的には相手先への「愛情」となっていくのです。たとえば、「愛情」をもって企業のことを「深く知る」ことにより、将来の売上げを伸ばす方法を〝お土産〟とすれば、経営者にいちばん喜ばれるのは間違いありません。

第6章

経営者に学ぶ15の言葉

「経営者心理学」を提唱する見地から本書では、アカデミックな論調を意識して理念的に説いた箇所もあれば、ビジネスに役立つ具体的・実践的な話も織り交ぜてきました。コーヒーブレーク的にコラムも適宜設け、内容・構成面でメリハリをつけたつもりです。

第6章では、筆者が実際にお会いし、あるいは講演・読書等を通じて知り得た経営者の金科玉条ともいえる至言・名言を幅広く集めてみました。艱難辛苦を乗り越えた末に成功をつかんだ経営者の含蓄深い言葉は、思わぬビジネスのヒントに結びついたり、発想の転換や逆境・危機の克服に寄与したりするに違いありません。

1 貸し借りを流暢に

「会社を創業して大きく発展させる経営者とは、どのような人なのでしょうか」――筆者は能力開発や適性検査を行う会社の社長に質問しました。これに対して、その社長は次のようなお話をされました。

「一つの見方として、大きく会社を発展させる人というのは、人の間の貸し借りを流暢に使いこなす人だと思います。いろいろなところに、うまい具合に貸しや借りをつくってあって、それがいいタイミングで発動して会社の発展を助けるのです」

人の一生も企業経営も山あり谷あり。助け、助けられて成長していくものなのかもしれません。

2 未来から現在をみる

アメリカンファミリー生命保険会社はアメリカのジョージア州に本社を置いていますが、一九七四年に日本法人を設立し、数々の規制を乗り越えて「がん保険」をスタートさせ、同社を国内最大の外資系生保に育て上げたのが、日本における創業者の大竹美喜最高顧問です。

大竹最高顧問が書かれた本に『人生大学――信念で生み出した私のビジネスモデル』（扶桑社、二〇〇三年）があります。この本のなかで、大竹最高顧問はビジョンや夢を実現するための思考方法として、次のように述べられています。

「〝未来の視点で現在をみる〟――現在から将来の目標を目指すのではなく、逆に一〇年後、五年後といった未来の目標到達点から現在やるべきことを考えることが大切だ」「現在から未来の目標に向かって努力する」ことと「未来の目標到達点から現在やるべきことを考える」というのは、一見同じようにみえます。しかし未来の自分から現在をみると、ビジョンや夢がどうしたらかなうのかを必死に考えたり、日々の行動の方向性がはっきりしたりするような気がします。

大竹最高顧問の本を読んで、筆者に起こった変化は「目標到達点に立つ私自身」との対話が始まったことです。

3 肯定の否定

筆者の仕事は、経営者の方々の話を聞くことから始まります。その際に、いつも心がけているのは「肯定の否定」ということ。

「人、特に経営者の方の話を聞くのに注意すべきことは何ですか」という筆者の問いに対し、寿司ロボット製造業最大手の企業の社長が教えてくれた言葉です。

「経営者は自分の事業計画や考えていることを話すときに、相手から「それは少し違うんじゃないですか」「僕はそうは思わないな」とかいわれると、自分が〝否定〟されたと感じてしまい、後でどんなに有益なアドバイスをしても受け入れてはもらえない。「社長の考えはたしかにすごい。だけど、こんな視点から考えてみると……」というように、まず話を〝肯定〟し、それからコメントするのがよい。そうすると、人は素直に相手の意見や注意を聞くことができる」

頭のよい人は、話を聞くときに〝否定〟から入って議論をしがちです。まず相手の話を聞き入れて、それから自分の意見をいう寛容さと謙虚さが大事なのでしょう。

4 さわやかな心

企業再生支援機構の西澤宏繁社長は、かつて日本興業銀行の常務取締役として長く営業を担当され、その後、東京都民銀行の頭取に就任されました。

一九九六年の春、筆者は興銀の日本橋支店から香港支店への異動の内示を受けました。当時、日本橋支店の担当常務だった西澤さんに内示の報告と挨拶をしにいきました。

筆者は営業課長として顧客の新規開拓を行っていましたが、課員全員の頑張りもあって、営業成績は行内全体でトップクラスでした。長い銀行員生活を振り返っても、最も自信に満ちた時代でした。肩で風を切るという感じだったかもしれません。

異動の報告をすると、西澤さんは次のようなお話をされました。

「ご苦労様。よく頑張って実績をあげてくれた。君の異動後も、課員の人たちがさらに実績を伸ばすことができるように、きちんと引き継ぎをしてほしい。「後任の課長をよろしく」と、お客様の社長さんたちによくお願いするように。さわやかな心をもって仕事をすることが大切だ」

「さわやかな心をもって仕事をする」というのは、どういうことなのでしょうか。西澤さんは説明されませんでしたが、筆者は次のように考えています。

人は日々の暮らしや仕事の場で、他の人をねたんだり、嫉妬したりします。同僚や部下の活躍とか昇進を素直に喜んだりできません。西澤さんが教えてくれたのは、安っぽい自意識やねたみ、嫉妬する気持ちを捨てて仕事をすることの大切さだと思います。「心のなかのさざ波」を抑え、自分を捨てることなのかもしれません。

「さわやかな心をもって仕事をする」ことができれば、些細なことにこだわることなく同僚や部下からも信頼され、人間関係もうまくいくようになるでしょう。よい人間関係がなくては、立派な仕事はできません。時折、合併がうまくいっていないといった話を聞くことがありますが、「さわやかな心」を忘れてしまっているからだと思えてなりません。

5 志の高い人は裏切らない

ある経営者の会に出席した時のこと、一〇人ほどの社長が集まりましたが、年齢は四三～七〇歳とかなりの開きがありました。

食事をしながらの雑談に移り、会も終わり近くになって、最年長の七〇歳の社長が話を始めました。大きな不動産会社の創業社長で、会社を創業した後の苦労話や財界での交流などを熱っぽく語られましたが、やがて次のようなお話をされました。

「長い間、商売をしていると、裏切られたり、だまされたりもする。ただし、志の高い人は裏切らない」

「志の高い人は裏切らない」という言葉が妙に心に残りました。筆者も会社を経営して、裏切られたという思いをしたことがあります。先の社長は四〇年以上も事業をしてきて、たくさんのつらい経験もされたはずです。そうした経験を経て、「志の高い人と仕事をしなければいけない」という考え方に至ったのでしょう。

では、「志の高い人（経営者）」とはどういう人なのでしょうか。おそらく目先の利害関係に惑わされることなく、高い目標に向かって長期的な視野をもって人と付き合い、仕事ができる人なのだと思います。裏切るつもりはなくても、お金を目の前にすると人の心は変わります。経営者となれば、なおさらです。金銭的な損得勘定が、結果として他人を裏切る行動となってしまうかもしれません。

「志の高い人」になるのはむずかしいことだと思います。「志の高い人は裏切らない」という大先輩の言葉を胸に、その目標に向かって一歩一歩努力したいと思います。

6 火をおそれるようなもの

千葉県鴨川市にある亀田総合病院は、病院のランキングで常にトップクラスの評価を得て、患者から評価される質の高い効率的な医療を提供しています。亀田総合病院のリーダーである亀田信介院長にお話を伺いました。

「亀田総合病院では電子カルテを核として、患者様に「医療情報の開示と共有」を行っています。医療の世界では、患者様が知識や情報を得にくいという状況があります。これは、医師が患者様に情報を開示し共有することをなんとなくおそれているからですが、「情報の共有」をおそれるというのは「火」をおそれるのと同じです。

情報共有のメリットは、医師と患者様が常に緊張関係にあり、患者様の視点やニーズを尊重しながら、自己責任をベースとした治療ができることです。そして、デメリットはまったくないのです」

企業経営において、「情報の開示と共有」の重要性が叫ばれています。動物は「火」をおそれますが、人間は「火」をうまく使いこなして生活や経済活動を行っています。「情報」という「火」を上手にコントロールする人間になることが求められているのかもしれません。

7 二人の相談相手

六本木の防衛庁跡地の開発や日本橋の活性化に取り組んでいる三井不動産の岩沙弘道社長の講演を聞きました。そのなかで「経営者の相談相手」ということについて、次のようなお話がありました。

「経営者は「利害関係のない二人の相談相手」をもつべきだと思っています。

一人は「自分の位置を確認する」ための相談相手。経営者、特に社長はどうしても情報遮断にあって、裸の王様になりがちです。自分の立ち位置が間違っていないかを確認するために、そして時には諫言もしてくれる人が必要です。

もう一人は、経営者とは「違った視点とリスク管理」で経営に関するアドバイスをしてくれる相談相手です。日本企業はグローバルな市場で競争しています。戦略やプロジェクトを実行するに際し、いろいろな視点からの検討とグローバルな観点からのリスクマネジメントが絶対に必要です」

お話を伺って、経営者が相談相手の方からのアドバイスに「謙虚に耳を傾ける姿勢」をもつことも大切だと思いました。

8 三実

個人保険分野における保有契約件数で生命保険業界トップのアメリカンファミリー生命保険会社。本章2で紹介した日本における創業者の大竹美喜最高顧問に、これからの「知的経済で活躍する人材」についてお話を伺いました。


「知的経済では、もはや暗記や偏差値で育った人間は通用しません。

二一世紀では、戦略的思考をいかに展開できるかという能力が問われます。

「実力」をもっているか、「実績」をつくったことがあるか、肩書や権威ではない「実質」で生きているかが大切なのです。

「実力」「実績」「実質」が重んじられなければならない時代になったのです」


逆をいえば、小さい会社であっても三つの「実」があれば活躍できる時代なのです。

「三実」を身に付けられるように頑張りたいものです。

9 畳とベッド

学生向けマンションの運営や学生の課外活動の支援業務をしている㈱毎日コムネットの伊藤守社長に伺ったお話です。

「昔、「畳」の上に布団を敷いて寝ていた都会の人たちにとって、休暇でリゾートホテルやペンションに行く目的の一つは「ベッド」で寝るという「非日常」を経験することでした。いまでは、ほとんどの若者たちがベッドに寝ていて、「畳や露天風呂」といった純和風の生活を体験できることがリゾート地に出かける目的となり、和風旅館が人気です。

昔とは逆に、畳の上に布団を敷いて寝ることが「非日常」になったのです。「非日常を経験できること」が新しいビジネスを生むヒントかもしれません」

たしかに、わが家にも「畳の部屋」はありません……。

10 困ると知恵が出る

二〇〇四年の世界経営者会議で、トヨタ自動車の張富士夫社長（現・会長）の講演を聞きました。「常に改善と変革を求める」という企業風土に関して、次のようなことを話されました。

「社員に対しては、常に「高い目標」と「期限」を設定させています。
また、人間は考える動物だから、すべてを上の者が決めるのではなく、できるだけ社員に「考える余地、工夫する分野」を残すようにしています。
私も若い頃、一週間で資料をつくるように指示をされ、期限に上司に資料を提出したら、「なんで三日間でもってこないのか」といわれました。次の時に、三日間で資料を提出したら、「なんで一日で仕上げないのか」と文句をいわれました。より早くとか、もっとよいものをとか、いつも課題を与えられるのです」

筆者も社長になって、社員をいつも困らせているのです。

11 成長の芽、危険の芽

NTTドコモの大星公二元相談役からお話を伺いました。大星元相談役は、一九九二〜九八年は同社の社長、一九九八〜二〇〇二年は会長としてドコモ躍進の原動力として活躍され、会長時代の一九九九年二月には「iモード」のサービスを開始しました。

日産自動車のカルロス・ゴーン社長も「現場重視」で有名ですが、大星元相談役も、経営者が「現場に足を運ぶ」ことの大切さを次のように説明されています。

「現場には、「成長の芽」と「危険の芽」が存在します。iモードのサービスが始まる前に大ヒットした製品に「ポケットボード」というのがありましたが、これは入社三年目の女性社員が私に直接提案してきた企画です。「ポケットボード」は一〇円メールを打つためのキーボードですが、女性のハンドバッグに入る素敵なデザインと色で一〇〇万台以上売れました。

現場の若い女性社員が「成長の芽」をみつけたのです。

一方で、現場には「危険の芽」も存在します。現場の担当者が、工場の設備の欠陥や問題を発見しても、直属の上司は「自分の責任」となることをおそれて、経営陣への報告を怠りがちです。

担当者も毎日顔を会わせる上司と気まずくなるのも嫌なので黙ってしまいます。それが大問題を引き起こすのです。社長やトップマネジメントに対してなら、担当者にとってはそんな心配もないので、「危険の芽」を正直に報告するのです」

社長が現場に足を向けることは、企業の成長と危険回避の両面で重要です。

12 おもてなし処

「おばあちゃんの原宿」として有名な巣鴨。とげぬき地蔵に近い巣鴨信用金庫に伺いました。巣鴨駅から本店に向かうと、おばあちゃんやおじいちゃんが行列のなかに消えていきます。

「なんだろう?」と思っていると、本店の入口に「おもてなし処」の旗が立っています。

筆者も行列と一緒に本店三階に上がると、お茶とおせんべいが手渡され、大きな部屋に通されました。そこには、数百人のおばあちゃんやおじいちゃんがワイワイガヤガヤ……圧倒的なお年寄りパワーでした。

二〇分ほど、おばあちゃんたちと歓談してから、田村和久理事長にお会いしました。

「毎月、とげぬき地蔵尊の縁日のある四日、一四日、二四日は本店ホールを「おもてなし処」として開放しています。月一回は若手落語家によるお楽しみ演芸会もやっています。関東一円から、たくさんのお年寄りの方が縁日にいらっしゃるので、一休みいただく場所として「おもてなし処」はとても好評です。

一日に三、〇〇〇人もの方が利用されるんですよ！

メディアにもよく取り上げていただき、巣鴨信金のイメージアップにもなって、新規のお取引も順調にふえています。

事務部門などは徹底的に合理化しますが、お客様との接点は大切に、人手をかけています」

一九五七年生まれのスマートな田村理事長のお話は、地域に密着した金融機関のあり方として、大変参考になると思いました。

13 笑顔の連鎖

二〇〇四～二〇〇九年まで、千葉銀行の頭取を務められた竹山正相談役は入行以来、一貫して営業畑を歩み、木更津支店長や本店営業部長等を歴任されました。話術も巧みで、企業や金融機関の経営者に人気のある竹山相談役から伺ったお話です。

「よい仕事をするためには、家庭がうまくいっていることが大切です。朝、家を笑顔で出れば、出社して笑顔で同僚にあいさつができます。そうすると、お客様にも笑顔が自然に出てきます。こうして笑顔は連鎖していくのです」

数年前に、竹山相談役から「笑顔の連鎖」というお話をお聞きしてから、家庭では笑顔でいるように努力しています。「仕事の原点は家庭にあり」ということでしょう。笑顔のもつ大きな力を実感しました。

14 すべての経営資源を

オフィス用品の通販で有名なアスクルの親会社であるプラスの今泉嘉久会長に、「大手企業の社内ベンチャーが成功しないのはなぜでしょうか」と質問したところ、今泉会長は次のようにおっしゃいました。

「社内ベンチャーを本業の片手間として考えていないから成功しない。社内ベンチャーは、親会社のすべての経営資源を投入するぐらいの覚悟がなければ決して成功しない」

アスクルは、オフィスに必要なものやサービスを今日頼むと「明日来る」をそのまま社名にして、いまやだれもが知っている企業になりました。そのアスクルを生み育てた今泉会長の話だけに重みがあります。

いまやアスクルは「お客様のために進化」して、今日の午前中に頼むと「今日来る」会社になっています。

15 Give & Given

コンピュータ横編機やデザインシステムのトップメーカーである島精機製作所。いまやコンピュータ横編機の分野では、全世界で六〇％以上ものシェアを誇ります。コンピュータ・グラフィックスの可能性にいち早く着目し、縫い目のまったくない服をつくれる画期的な横編機を開発した結果、エルメス、グッチ、プラダ、ルイヴィトンといった世界的なブランドが同社のコンピュータ横編機を採用しています。

創業者の島正博社長は中学生の頃から機械の開発を始めました。各種作業には欠かせない軍手が普及したのも、島社長が高校時代に開発し、特許を取得したゴム入り手袋編機のおかげで製造コストが安くなったから。このゴム入り手袋編機をはじめ、自転車の発電機、自動車の方向指示器など、高校時代までに二〇〇もの特許案件を考えており、現在までに関与した特許の数はその数倍に達するといわれるほどです。

島社長はあるＴＶ番組で次のように語っています。

「新しい技術の開発・挑戦を続けてこられた力の源はハングリー精神です。儲けたお金は社会に還元し、手元にもち続けないことがハングリー精神を保つ秘訣。だからこそ“Give & Given”――「与え続ければ（さまざまなチャンスが）与えられる」――を経営の信条としています」

普通は“Give & Take”という言葉を使うものですが、“Give & Given”という言葉を初めて耳にした時、筆者はおおいに感動しました。同様に感銘を受けた人は非常に多かったらしく、ＷＥＢで検索するとたくさんの人がこの言葉を激賞しています。

コラム　金融機関で働く意義――学生の不安と頭取の言葉

大手銀行が大学三年生を集めて開催した就職フェアで講師を務めた際、ある学生から次のような質問を受けました。「父の友人から「いまの金融機関はノルマ中心で自分の業績ばかり考え、お客様のことを意識した活動ができていない。大変つらい仕事なので就職しないほうがよい」とアドバイスを受けましたが、実際はどうなのでしょうか」。

「金融機関で働く意義」を見出せない学生の率直な疑問ですが、この問いに対しては、ある銀行の頭取がインタビューで語っていた話を思い出しました。

「私が銀行を選んだ理由は、最も幅広い人たちとお目にかかってお話が伺える業種だから。個人のお客様にはじまり、あらゆる業種・業況のバラエティに富んだ、さまざまな経営者の方から多種多様なお話を伺うことのできる機会に恵まれており、幅広い視野の構築とあらゆる社会の仕組みを知ることができるから、自己の人間形成に非常に役立つと考えたのです」

筆者自身も金融機関を志望した理由はまったく同じですし、いまでも金融機関の優位性は頭取が指摘した点にあると確信しています。さらに、その頭取は次のように続けました。

「規模の小さな時代から支援をさせていただき、苦境を乗り越えるお手伝いもさせていただきながら、株式公開に漕ぎ着けられた経営者の方から、これまでのサポートに対する感謝の言葉をいただいた時や、海外支店においてシンジケーションの組成を一人でやり終えた際、参加メンバーから称賛の言葉をいただいた時など、これまでに経験したことのない達成感を味わったことを覚えています」

まさしく苦労に見合っただけの満足感を得られるのが金融機関の業務なのです。

そこで、筆者は先の学生に対し、「金融機関の仕事はきわめて責任が重い分、非常に達成感、やりがいを感じることができます」と述べたうえで、「もし楽をしようと考えるのであれば、金融機関を選ぶことはやめたほうがよいと思います」と答えました。

「金融機関で働く意義」については、実際に金融機関で働く役職員も絶えず明確に認識してほしいと思います。特に部下が悩みや不安を抱えている場合には、上司は部下とともに「金融機関で働く意義」を問い直し、部下の悩みや不安を取り除いてください。

第7章

澁谷耕一の一言集

RBSでは、「銀行員.com」という金融機関役職員向けのポータルサイトを運営しています。このサイトで筆者は、数多くの経営者や金融機関トップの言葉から筆者の体験・考えに至るまで、価値のあると思われるものを「今日の一言」として掲載しています。

本章ではそのなかの一部を、五つの切り口で選んでまとめてみました。第6章「経営者に学ぶ15の言葉」とあわせて参考にしてください。

1 経営者との面談・コミュニケーション——「聞く」ことについて

人はだれでも自分の話を聞いてもらいたがっています。まず、相手に共感をもって親身に話を「聞く」ことによって、経営者との人間的なつながりや親近感が生まれ、「親しい人間関係の構築」につながります。

■聞く習慣

自分にいくら知識や経験があっても、他人から学ぶことは必ずある。自分の役に立つアイデアやヒントがないか、注意深く話を聞く習慣を身につけたい。

■関心と好感

人は、自分の話に関心をもち、神経を集中して聞いてくる相手に好感をもつ。

■価値観を知る

経営者と面談するときには、相手が「何を大切にしているのか」を理解できるように努めること。すなわち、「価値観」を知ることが大切。

■ただ話を聞く

経営者が抱える課題を解決してあげようとするよりも、ただ話を聞いてあげるほうが感謝される場合もある。

■悩みや課題を共有する

経営者から「悩みや課題」を聞くときに心がけたいのは、すぐに「悩みや課題」を解決しようとせず、より多くの「悩みや課題」を経営者と共有するように努めること。

■**質問のポイント**

経営者と面談するときは、「経営者の問題意識はどこにあるか」「どうしたいという願望（価値観）をもっているか」、そして「求めているニーズは何か」を探り出すような質問をする。

■**新規開拓後の情報提供**

お客様は取引したことを正当化したいから、新規開拓後の情報提供が大切になる。取引開始後に金融機関から音沙汰がなくなると、失望感だけが残る。

■**お客様との関係**

お客様とは、フェアで緊張感のある対等な関係をつくりあげることが大切。

■**金融機関の役割**

お客様である企業の成長のお手伝いをすることが金融機関の大切な役割。

■**相手を理解する**

人の話を聞くのはむずかしい。聞いているうちに、どうしても聞き手が自分の意見をいいたくなるからだ。分析的に聞くのではなく、相手を理解しようとの気持ちだけをもって、まず話を聞くことが大切。

■関　心

相手に「関心」があることを示すのがコミュニケーションの第一歩。真剣に、相手の目をみながら話を聞く姿勢が大切。

■共　感

相手の気持ちや感情に「共感」しながら話を聞こう！　そうすることによって集中力が高まり、話の内容をより深く理解することができる。

■信　用

人を裏切らないこと。そして、自分の利益を優先しないこと。これが「信用」を得る最良の方法。

■雑　談

雑談のなかから、新しいアイデアや新製品が生まれることがある。

■経験・知識

聞き手が幅広い知識や経験をもっていればいるほど、相手は真剣に、そしてより多くのことを話してくれる。

人の集まるところに福きたる

たくさんの人が集まるところには、たくさんの情報が集まる。価値のある情報が集まるほど、ビジネスが成功する確率が高くなる。多くの人が集まってくれるような場を提供したり、仕組みを考えたりすることが大切。

競　争

今後とも、金融機関同士の競争は激しさを増していくことだろう。競争は金融機関のサービスを向上させ、お客様はよりよいサービスを受けられる。金融機関で働く皆様が自分を磨き、お客様の立場で考え、顧客価値の増大に貢献されることを期待したい。

時間は貴重

一回の面談で二つ、三つの目的を果たすという心構えで面談に臨もう！　時間は貴重である。ビジネスでは、一石二鳥、一石三鳥をねらうべし！

コミュニケーションの基本

コミュニケーションの基本は相手の人格や考え方を尊重すること。相手の立場でよく話を聞き、まず肯定してあげることが大切。

■これからの営業に求められること

これからの営業担当者に必要なものは三つある。それは「明るさ」「エレガントな振る舞い」、そして「癒し」。すべての個人・経営者が悩みや課題を抱えている時代には、「明るく、エレガントに相手を癒す営業」が求められている。

2 個人が仕事をするうえで――「個の自立」のために

これからは個が自立する時代です。常に前を向いて、自分自身のビジョン（私はどうありたいか）とミッション（私に求められているもの）を明確にすることが大切ですし、皆さん一人ひとりが昨日の自分や仕事のやり方に満足せず、新しい発想や工夫、提案ができるようにいつも心がける必要があります。

また、スピードが非常に重要になります。スピードの欠如によるチャンスロスをなくすように注意しなければなりません。企業経営もそうですが、一人ひとりが判断や意思決定のスピードを速くできるように、日頃から「起こりうるチャンスとリスク」を想定し、備えておく必要があります。

■仕事のおもしろさ

真剣に仕事に取り組むことによって、はじめて仕事のおもしろさがわかる。「石の上にも三年」ではないけれど、ある期間は真剣に、かつ、忍耐強く仕事に打ち込みたい。

■WIN‐WINの関係

WIN‐WINの関係を築くのは本当にむずかしい。それは、相手よりも自分のWINを先に考えてしまうから。相手のWINを優先する無欲さがWIN‐WINの関係の秘訣。

■よりよいやり方

仕事の処理の仕方や営業方法には、「必ずもっとよりよいやり方がある」と信じて日々考え、工夫をすることが大切。

■営　業

「お客様の役に立ちたい」「お客様に喜んでもらいたい」という気持ちをもって営業しよう！　営業は技術ではない。人格を高め、信頼関係を構築し、専門性と創造力を発揮してお客様に価値を与えること。

■**顧客志向・顧客中心**

「顧客志向」「顧客中心」というのは、お客様に対し親身になって奉仕することと、感謝の気持ちをもち続けること。

■**好　機**

企業にも個人にも、好機は必ず訪れる。それを生かせるだけのセンスと実力を日頃から養いたい。

■**成果のあがる仕事**

成果のあがる仕事は、プライオリティのつけ方と段取りで決まる。

■**実務能力**

他に頼らずに自分で最後まで完結できる実務能力を備えることが大切。

■**無　駄**

仕事の能率をあげるために大切なのは「無駄なことをしないこと」。必要のないこと、無駄なことをしないように仕事を見直してみよう！

仕事の仕方

仕事はまず量をこなすこと。次にスピードをあげ、そして質を高める努力をすることが大切。

自分を賭ける

その仕事に自分を賭けることができるか。失敗したら辞めるくらいの覚悟があれば、どんな仕事もうまくいく。

一生懸命

一生懸命やるから仕事が楽しくなる。好きだからプロになる。

幸　せ

人としての幸せとは、夢をもつこと、成長すること、学ぶこと、そして自由であること。

戦　い

妥協とマンネリの毎日を送るか。夢に向かっての戦いと日々新しいものを求める毎日を送るか。あなたはどちらの道を選ぶのか。

■惚れ込む

仕事は「惚れ込む」こと。自分の売っている商品や提供しているサービスが好きで好きでたまらない――時間を忘れてしまうほど「惚れ込む」ことができれば、仕事ですばらしい成果をあげることができる。

■一歩踏み出す勇気

慣れ親しんだ仕事のやり方や環境から「一歩踏み出す勇気」をもちたい。

■チャレンジ

いろいろなことに興味をもってチャレンジするということは、たとえそれがうまくできてもできなくても、毎日を生き生きと過ごすため、そして人としての魅力を増すために必要な大切な要素である。

■執念と向上心

目標を必ず達成するという強い執念をもつことが大切。それによって自分自身の営業のやり方を常に進化させようという向上心が生まれる。

■自分が会社の顔

社員一人ひとりがお客様や社外の人に会うときに、「自分が会社の顔である」という意識をもつことが大切。あなたが会社を代表しているのだ！

■活　力

活力は、新しいことにチャレンジしようという勇気から生まれる。

■将来のためにいま

経営者は「三年後や五年後にこうありたい」という企業になるために、いま何をすべきかを考えている。個人も同じ。「一年後、二年後にこうありたい」という自分になるために、今日、今週、今月何をすべきかを考えて行動しよう！

■問題意識

自分が働いている業界の動向や将来を考えて、日頃から準備しておくことが大切。「何を目指すのか」「いまから何を勉強しておくべきか」という問題意識をもとう！

■やる気

どんなことでも自分から「やる気」をもって取り組めば、おもしろくなる。仕事でも、家事や趣味でも同じ。

■常に新たな気持ちをもって

日々新たな気持ちで行動しよう！　特に月曜日は一週間の仕事の始まり。「今日、何か新しいことを！」「今週、何か新しいことを！」という気持ちを大事にしよう！

■本当のニーズ

常にお客様の立場に立って、お客様の目線で考えることが大切。お客様の立場に立つことで、ニーズがみえてくる。本当の意味で、ニーズに合致したものが提供できているか、一度考えてみよう！

■夢をかなえるために

夢や目標をかなえるためには、「それをかなえたい」「そうなりたい」と思う強い気持ちが何よりも大切。そして、それをかなえるために知恵を絞って、自分がいま何をすればよいかを考え、実行していくように心がけよう！

3 企業経営・組織について――〝勝ち組〟となるために

従来の「工業社会」は〝プロダクト・アウト〟志向が強く、規模の経済を追求した「オールド・エコノミー」の時代でしたが、今日ではＩＴが高度に発達した「情報社会」

となり、〝マーケット・イン〟の流れが重要な「ニュー・エコノミー」の時代を迎えました。

「ニュー・エコノミー」の時代においては、従業員数や資産規模の大きさでは勝負が決まりません。その意味では、中堅・中小企業も大企業に負けない存在感を発揮することが可能になります。中堅・中小企業の最大の強みは何か――それは「意思決定の速さ」であり、変化とスピードの時代に〝勝ち組〟となるための必須条件です。

そのような中堅・中小企業の時代は、企業や組織を構成する個人の能力が問われる時代ともいえます。卓越した能力をもった個人をベースに、チームワークで仕事をする「異能集団」が大きな力を発揮することでしょう。

■企業に大切なこと

企業にとって大切なことは、危機意識をもち続けることと日々の仕事のやり方の工夫。

■問　題

企業や組織において、問題は何なのかを慎重に考えなければならない。問題を見誤ると、解決策は何の意味ももたない。特にビジネス環境の変化に対して、経営者が問題と思っていることでも、社員はそう思っていないことが多い。

専門化

ビジネスは専門化してきている。経営陣はＣＥＯやＣＩＯ、ＣＦＯのように「どの業務に責任があるか」を明確にするようになってきているが、社員も各々の専門分野で責任を果たすように求められよう。

人

知的社会では、「人」が価値を生み出す。一人の社員が発想するアイデアやビジネスプランが企業に大きな利益をもたらすということが起こる。

団結・協力

上司と部下の間で「達成すべき目標は何か」「解決すべき問題は何か」を明確に理解し合うことが大切。同じ目標や問題に向かって団結・協力する体制ができる。

顧客志向・コンサルティング営業

最近、営業や販売戦略において「顧客志向」「コンサルティング営業」の重要性が叫ばれている。では、顧客志向やコンサルティング営業とはいったい何か。それは顧客自身になりきり、自社の製品やサービスよりも他社のもののほうがよければ他社を勧めるという姿勢や考え方である。

■事業パートナー

お客様に迎合したり、ただ従っていたりするだけでは尊重されない。対等で、信頼できる事業パートナーとして、お客様から評価される能力と自立性が求められている。

■目　標

頑張れば達成可能な目標をまず設定する。いろいろと工夫をしたり試行錯誤を繰り返したりしながら、その目標を達成し続けることが組織や個人の実力である。

■お客様に対する謙虚さ

お客様に対しては、常に「商品を買っていただく」「サービスを提供させていただく」という謙虚な気持ちを常に忘れないことが大切。

■ブランド

ブランドが社員を弱くする。有名な会社はブランドで生き残ることができるが、中堅・中小企業やベンチャー企業は社員皆が強くならなければ生き残ることができない。

成　功

小さな成功体験を積み重ねることが大切。成功が社内に活力をもたらし、成功が成功につながる好循環を生み出す。

社外アドバイザー

経営者は、自分とは違った視点やリスク感覚によって経営や戦略を判断してくれる社外アドバイザーをもつべきである。

経営指標の活用

経営者は企業の問題を発見し、解決策を考え、それを迅速に実行に移すことが求められる。問題は経営指標に表れる。数値を通じて、企業の問題をできるだけ早く発見することが重要。

変化の時代における経営戦略

変化の時代における経営戦略は、質の高い情報を集め、多くの人の話を聞き、リスクを慎重に分析してから実行することが重要。

社長は営業マン

社長は企業でいちばんの営業マンでなければならない。常にお客様に接し、お客様のニーズを商品開発や販売戦略に反映させることが大切。

企業の成長

企業が成長するということは、ビジネスにおいて好循環をつくりだすことである。一つの成功を次の成功へつないでいくことが重要。

重　複

重複のあるところにはビジネスチャンスがある。重複行為をなくすような仕組みやITを駆使したビジネスモデルは、成功する確率が高い。

情報処理と機械化

効率を高めるために情報の処理を機械化する場合がある。その過程で、情報から得られるはずの問題点や動向・変化を見落とすことになる。

選択と集中

「選択と集中」という言葉は、大企業がリストラをするときのスローガンとしてよく使われる。しかし、本当の意味で「選択と集中」が必要なのは中小・個人企業なのだ。中小・個人企業はあれもこれもやって、何かが当たればいいと考えがち。しかし、十分な経営資源をもたない中小・個人企業は何か一つに絞って、経営資源を集中することが大切。それを足がかりにして多角化をしていけばよい。

■協働と理念の共有

企業において社員全員が理念を共有していることが大切とよくいわれる。現在のビジネスでは、専門知識や経験をもった企業や人が集まって「協働」することが多い。「協働」がうまくいくかどうかは、関係する企業や人が理念を共有できるか否かにかかっている。

■お客様から信頼を得る

ビジネスにおいて、最も大切なのはお客様からの信頼を得ること。信頼を得るためには、感謝の気持ちをもって確実な仕事をすること。お客様の喜びを自分自身の喜びとするようなビジネスマンになってもらいたい。

■企業の成長

これからの企業の成長は、優良企業や成長企業と長期的な取引関係・パートナーシップを維持できるかにかかっている。そのためには、志やビジョンの共有と信頼関係の構築が重要。

■経営はマーケティング

経営者の最も大切な役割はマーケティングである。マーケティングとは、自社の製品やサービスがお客様から選ばれ続ける仕組みをつくること。

■顧客をつくりだす

「企業の目的は顧客をつくりだすことである」（ピーター・ドラッカー）――企業を永続的に成長させるために、経営者も社員も顧客をつくりださなければならない。

経営者と社員の違いは何か――それは「顧客をつくりだそうという執念」があるかどうかということ。経営者に比べ、社員の執念は弱い。社員も、自分が顧客をつくりだすのだという強い執念をもってほしい！

4 自己の能力を高める――自己の「強み」と価値の向上

そもそも仕事の喜びとは何でしょうか。筆者は、仕事を通じてすばらしい人に出会うことこそ仕事から得られる大きな喜びだと感じています。そのなかで自分自身がどのような立ち位置にいるかを明確かつ論理的に把握し、自分自身の意見をもつことが自己の能力を高めるための土台となります。

これだけビジネスがグローバルに広がっていくと、いろいろな国の人たちとのコミュニケーションをいかにとるかが成功の鍵になってきます。そのときに大切なのは、やはり論理的な思考を通じてスタンスを明確にし、自分自身の意見を述べることでしょう。

■他がやっていないことをやる

戦略を立てるときに大切なのは「他社、他人がやっていないことをやる」という考え方。創造力を発揮して独自のビジネスを行うから、チャンスもあるし、リターンも大きくなる。

■考え続ける

常に経済環境やビジネスの仕組みを理解しようと考え続けることが大切。考え続けることで本質を見極める洞察力が養われる。

■創 造 力

効率的な仕事のやり方や段取りを考えながら、毎日の仕事をすることが大切。新しいアイデアや工夫を生み出そうとする創造力をもとう！

■強　み

自社や自分自身の「強み」をしっかりと認識して営業することが大切。お客様のために「強み」を生かして何ができるのかを常に考え続けなければならない。

■謙虚さと優れた能力

常に謙虚であることが大切。優れた能力は、謙虚さが伴うことによって最高に輝く。

■出会い

人や企業の成長は、人との「出会い」によって決まる。すばらしい人に出会うために、志やビジョンを高く掲げていたい。すべてが人との「出会い」から始まる。友情も恋愛も商売も……。毎日の「出会い」に心から感謝する気持ちをもちたい。

■記憶力

記憶力は、成功する経営者やビジネスマンがもっている大事な能力の一つ。

■知　識

体験を積み、知識をふやす。その知識をうまく応用・発展させて、仕事に生かしていくことが大切。

■三つの感度

金融機関職員が高めるべき三つの感度とは、「変化に対する感度」「グローバル化に対する感度」「ＩＴに対する感度」。

■情報網と人的ネットワーク

これからは大企業で働く個人も、自分自身の情報網と人的ネットワークをもって仕事をしなければならない。

■プライド

仕事を通じて社会に貢献していると感じる時ほど、自分自身にプライドをもてることはない。

■信頼できる情報源

情報の洪水のなかで、どの情報に基づいて行動すべきか迷うことが多い。この人の情報なら確実だというような「信頼できる情報源」をもつことが大切。

■失敗を謙虚に受け止める

自分で企画したり目標設定したりしたプロジェクトについては、それが失敗に終わったとしても得るものは多い。失敗した責任は自分にあることを謙虚に受け入れることで、その悔しさが新たな工夫や観気方を生む力になるからである。

実　力

実績があがらないと「環境が悪い」「他の人が悪い」という人がいる。環境や他人のせいにして自分は納得しているが、すべては自分の実力のなさが原因であることを認識しなければいけない。

クロスオーバーな知識や経験

規制が撤廃され、企業買収が盛んに行われるようになって、業界の垣根はほとんどなくなってしまった。これからは、金融機関職員であっても証券の知識を、メーカーであっても小売の知識を、というようにクロスオーバーな知識や経験を身につける必要がある。

違った考え方や視点

物事には、違った考え方や視点がある。みえやすい表面的なことに惑わされるのではなく、正しいことや原理原則に立ち返って考える習慣を身につけたい。

自己投資

知識やスキルなどは、会社や人から与えられるものではなく、自分のお金や時間を使って研修に参加したり、獲得したりすべきもの。あなたの成長はどれだけ自己投資ができるかにかかっている。

■表　現　力

自社の強み、自分自身の強みを簡潔にわかりやすくお客様に伝えることができる表現力を身につけよう！　他社・他人に負けない能力の開示がコミュニケーションの第一歩。

■心の余裕

何か一つでいいから、人に負けないことを身につけることが大切。それが自信を生み、誇りや自尊心へと進化する。誇りや自尊心をもつと、人に何かをしてあげたいという余裕ができる。魅力的な人というのは心の余裕をもった人のこと。

■ピンチの時こそ！

「チャンスはピンチの顔をしてやってくる」――ピンチはチャンスの裏返し。ピンチの時こそ、一人ひとりが知恵を絞り、他の人が考えないことを考え、チャンスに変えていこう！

5 社員や部下の能力を高める――リーダーシップ

今日のグローバルな競争の激しい経済環境では、優秀な人材をいかにうまく使っていくかに企業の将来がかかっています。人は自分の能力を最も引き出してくれる上司やリーダーについていくものですから、経営者は社員や部下の能力を最大限に発揮させるために、常に社員・部下一人ひとりの能力を把握・評価したうえで、その過不足を補ってあげなければいけません。

また、組織を統率するリーダーには「将来のシーン」がみえていなくてはなりません。常に先を読み、必要とされる準備をいまからしておくことが大切になってきます。

■教　育

企業の成長は、いかに素質のある人材を採用し、教育していけるかにかかっている。社員の夢をかなえるような教育を行いたい。

■センス

だれでも皆、よいセンスをもっている。文章を書くセンスがある、お客様のニーズをみつけるセンスがあるなど、センスにもたくさんある。人は自分がもっているよいセンスが生きる仕事、生かしてくれる職場を選ぶものである。

■やる気

企業の成長の原動力は社員のやる気。リーダーがやる気に燃えなければ、部下はやる気が出ない。

■意欲

人は皆、生まれながらに意欲をもっている。その意欲を失わせることなく、能力が向上するように教育するのが上司や先輩の大切な役目。

■褒め方

人は、褒めるときにも注意が必要。人は、自分自身が誇らしいと考えていることを褒められたときに、本当の喜びを感じる。

■欠点や癖

本人が自覚していない欠点や癖を指摘してあげるのは、上司や先輩の大切な役目。自覚された欠点や癖を克服することは、その人の価値を引き上げる。

■**社員や部下への呼びかけ**

社長やリーダーが「自分は成功したからついてこい！」といっても、社員や部下は従わない。「自分も懸命に努力しているから一緒にやろう！」という呼びかけが大切。

■**確　信**

リーダーは確信をもたなければならない。必ずうまくいくという確信をもったリーダーに部下はついていく。そして、人は自分の能力を最も引き出してくれるリーダーについていく。

■**説得力**

営業、そして社員教育においても説得力が求められる。お客様や社員に新しい視点や価値観を提供して「そうか！」と納得させるには、日頃から客観的かつ論理的に物事を考える習慣を身につけることが大切。

■**現場の社員**

中小企業・オーナー企業は社長で決まる。よい企業かどうかは、現場の社員をみればわかる。現場の社員が明るく、やる気をもって仕事をしているか。

■部下の成長

部下や後輩に成長してほしいと思うなら、自分自身が成長しなければならない。

■人間的成長

人間的成長の先に実績がある。ビジネス、特に営業においては、売上げや実績を求める前に人間的成長を目指すべきである。

■目標達成と成長

目標を達成しようと努力する過程が人を成長させる。いちばん大切なのは成長すること。成長すれば、成果や実績は必ずついてくる。

■弱点の優先

人はそれぞれ強み・弱みをもっており、それが何であるのか認識している。そして行動に移すとき、強みを優先し、弱点を劣後させ後回しにする傾向がある。

これは気乗りがすること、気後れすることにもいえることであり、たとえばお客様とのビジネスにおいて、非常に前向きな話であれば真っ先に話を進めるのに対し、後向きな話・叱責を受けるような話についてはついつい連絡が滞りがちになる。そうすると、ますます連絡がとりにくくなり、相手の不信感を買い、結果として信頼関係を失うことになる。

つまり弱点・気乗りしない話について、あえて優先して取り組むことが重要であり、その結果、人として一回りも二回りも成長させることになる。

■著者略歴■

澁谷　耕一（しぶや　こういち）

一橋大学経済学部卒、ニューヨーク大学大学院中退。1978年４月日本興業銀行入行、ニューヨーク支店（日系営業担当）、企業金融開発部（米国投資・M＆A担当）、日本橋支店（営業第５班長）、香港支店副支店長、企業投資情報部副部長（海外投資・M＆A担当）を経て、2000年10月みずほ証券公開営業部部長。2002年３月同社を退職。2002年５月リッキービジネスソリューション株式会社設立、代表取締役就任。

メールアドレス　rbs-shibuya@rickie-bs.com

KINZAIバリュー叢書

経営者心理学入門

平成23年４月５日　第１刷発行

著　者　澁　谷　耕　一
発行者　倉　田　　　勲
印刷所　株式会社日本制作センター

〒160-8520　東京都新宿区南元町19
発 行 所　**社団法人 金融財政事情研究会**
編 集 部　TEL 03(3355)2251　FAX 03(3357)7416
販　　売　**株式会社きんざい**
販売受付　TEL 03(3358)2891　FAX 03(3358)0037
URL http://www.kinzai.jp/

ISBN978-4-322-11758-5